장소로 보다,
근현대사

장소로 보다,
근현대사

초판 1쇄 인쇄 2025년 3월 31일
초판 1쇄 발행 2025년 4월 10일

지은이 문재옥
펴낸이 홍석
이사 홍성우
인문편집부장 박월
책임 편집 박주혜
편집 조준태
디자인 보통스튜디오
마케팅 이송희·김민경
제작 홍보람
관리 최우리·정원경·조영행

펴낸곳 도서출판 풀빛
등록 1979년 3월 6일 제2021-000055호
주소 07547 서울특별시 강서구 양천로 583 우림블루나인 A동 21층 2110호
전화 02-363-5995(영업), 02-364-0844(편집)
팩스 070-4275-0445
홈페이지 www.pulbit.co.kr
전자우편 inmun@pulbit.co.kr
ISBN 979-11-94636-09-0 04910
979-11-6172-882-7 04080(세트)

※ 책값은 뒤표지에 표시되어 있습니다.
※ 파본이나 잘못된 책은 구입하신 곳에서 바꿔드립니다.

일러두기

1. 날짜 표기는 태양력이 시행된 1896년 1월 1일 이후는 양력으로 표기하며, 그 이전은 음력으로 표기함을 원칙으로 합니다.
2. 이 책에서 1907년 이전의 내용을 다룰 때에는 덕수궁의 이전 명칭인 경운궁으로 표기했습니다.
3. 일제강점기에 이 땅에 살았던 우리 조상들을 조선인이 아닌 한국인으로 표기했습니다.
4. 독립선언서와 독립선언문은 현재 표기가 혼용되어 있어 같은 의미로 둘 다 사용했습니다.

보다 역사

장소로 보다, 근현대사

한국 근현대사의 순간들이
기록된 현장을 찾아서

문재옥 글

풀빛

들어가는 말

"이곳 지하 고문실은 일제가 우리 독립운동가 분들에게 물고문, 손톱 찌르기 고문 등 온갖 만행을 저질렀던 곳입니다.", "빛도 들어오지 않는 좁은 독방에 수감되면 정신적, 육체적 고통이 너무나 심했다고 합니다."

나는 서대문형무소 역사관에서 관람객들에게 이곳에서 벌어졌던 역사를 해설해 주는 도슨트로 활동하고 있다. 역사 현장을 탐방하는 것은 과거를 이해하기에 가장 좋은 공부법이다. '아는 만큼 보인다'라는 말처럼 역사 현장에서 어떤 일들이 벌어졌는지를 미리 공부하고 가거나 누군가의 해설을 들으면 장소에서 보이는 것들이 훨씬 많아지고 감동도 커지기 마련이다. 도슨트 활동을 하면서 역사를 더 많이 알고 싶다는 생각이 커지다 보니 몸과 시간이 허락할 때마다 역사 현장을 답사하는 일이 잦아졌다. 직접 가 보아야 책으로 읽었던 일들이 보다 생생하게 나의 기억 속에 새겨지기 때문이다.

틈틈이 한국 근현대사의 주요 역사 현장들을 답사하다 보니, 점차 우리 근현대사를 바라보는 나의 안목과 지식이 달라졌다. 서대문형무소 역사관에서 해설했던 내용을 중심으로 2023년에 《서대문형무소 도슨트》 책을 출간했다. 첫 책임에도 불구하고 많은 분들의 사랑을 받았다. 독자 님들께 감사의 마음을 전한다.

이 책을 보고 풀빛출판사에서 감사하게도 연락을 주었다. 내게 근현대사 지식을 대중들에게 쉽게 전해 주는 책을 써 볼 것을 권했다. 박주혜 편집자 님과 회의를 통해 내가 답사했던 역사 현장들에서 느끼고 생각했던 이야기를 담담하게, 때로는 나의 느낌을 섞어서 한국 근현대사를 쉽게 풀어내는 책을 써 보기로 했다. 한국 근현대사의 중요 사건이 벌어진 역사 현장을 탐방하면서 관련된 역사를 돌이켜 보는 내용으로 구성했다.

공간은 기억을 담는 그릇이다. 역사를 이해하는 방법에는 추체험이 있다. 직접 역사의 현장에 들어가 마치 과거의 그 시대에 살았던 것처럼 생각해 보는 것이다. 이때 공간은 나로 하여금 역사의 시간 속에 몰입하게 해 주는 드라마 세트장인 셈이다. 역사 현장을 방문하는 것은 역사 드라마에 내가 주인공이 되어 출연하러 가는 것이라고 생각해 볼 수 있다. 오늘의 우리를 알기 위해서는 과거를 아는 것이 필요하지만 우리는 그때 역사의 현장에 있지 않았다. 당시 역사를 좀 더 실감나게 인식하기 위해서는 역사의 현장에 직접 가 보는 것이 좋다.

《장소로 보다, 근현대사》는 한국 근현대사의 주요 현장을 방문하여 당시의 역사를 돌아보는 구성으로 되어 있다. 이 책에서 다룬 역사 현장이 강화도와 인천을 제외하면 모두 서울에 집중되어 있는데, 근현대사의 주요 사건이 서울 지역에 밀집되어 일어났기 때문이다. 울산, 포항, 구미 등을 방문해 한국 산업화의 역사를 이야기하는 것도 의미가 있지만, 필자가 생활하던 곳이 서울 지역이라서 익숙한 곳의 역사를 중심으로 기술했다. 부산의 변화는 제물포의 변화만큼 큰 의미가 있고 목포, 광주, 군산, 대전 등 여러 지역의 사회 변화 역시 한국 근현대사에 큰 의미가 있지만, 이번 책에서는 책의 분량과 필자의 역량 한계 때문에 서울과 인천, 강화도 지역만 다룬 점을 양해 바란다.

공간적인 한계는 있지만 독자들 역시 이 책을 따라 현장을 찾아갈 수 있게 답사 코스 지도와 사진 자료를 첨부했다. 이 책이 역사 현장을 방문해 과거와 대화하는 사람들이 늘어나는 데 작은 도움이 되었으면 좋겠다. 어느 교수님이 강의 시간에 말씀하셨던 "인간이 역사를 배우지 못하면 유인원과 다를 바 없고, 역사를 배우면 문명인이 된다"는 말을 기억한다. 역사는 어려운 암기 과목이 아니라 오늘을 사는 우리의 삶을 풍요롭게 해 주는 공부다.

이 책이 나오기까지 도움을 주신 여러분께 감사의 말씀을 전합니다.

저자 문재옥

들어가는 말 4

1장 개항의 현장: 인천, 강화도

1. 역사의 고장 강화도 13
병인양요의 현장: 외규장각과 정족산성 15
신미양요의 현장: 초지진과 광성보 21
강화도 조약 체결의 현장: 연무대 26

2. 신기한 물건이 넘쳐 나는 제물포 개항장 29
제물포, 개항장이 되다: 인천세관과 각국 조계지 31
일제 경제 침탈의 첨병: 일본 은행과 제물포항 39
화교와 짜장면의 탄생: 차이나타운 43
기회의 땅이자 통곡의 땅, 인천: 미두취인소 46

2장 조선 근대화의 현장: 북촌, 정동

1. 근대화를 위한 노력과 좌절 53
삼일천하 갑신정변의 현장: 북촌과 창덕궁 55
을미사변의 현장: 경복궁 내 건청궁 61
세계를 향해 문을 연 조선: 정동의 각국 공사관 64

2. 대한제국의 흔적 69
아관파천의 현장: 러시아공사관 71
허울뿐인 황제: 환구단 74
불타 버린 황궁, 꺼져 가는 대한제국의 운명: 경운궁 78

3장 일제 침략의 현장: 남산, 명동, 남대문

1. 국치길을 걷다 85
국치의 현장: 통감관저터 87
김익상 의사의 의거터: 조선총독부 93
조선신궁이 세워진 이유: 경성신사, 조선신궁 96
일본인의 흔적이 남아 있는 남산: 미쿠니아파트, 취산아파트 99

2. 일본인만을 위한 공간, 남촌 103
조선 제일의 번화가 남촌: 혼마치와 구리개 105
일제강점기 경제의 중심 남대문통: 남대문로의 은행가 110
조선부터 이어져 온 서민 삶의 터전: 남대문시장 118
나석주 의사의 분노: 동양척식주식회사터 121

4장 독립운동의 현장: 북촌, 종로, 효창공원

1. 3.1운동의 현장 127
3.1운동의 불씨가 타오르다: 중앙고등학교 숙직실 129
독립운동을 이끈 지도자 여운형: 여운형 집터 133
3.1운동을 주도한 천도교: 손병희 집터, 천도교중앙대교당, 보성사터 137
만세 시위의 현장: 숭동교회, 탑골공원, 서울역 광장 141

2. 독립운동가를 찾아서 149
소시민, 독립운동가가 되다: 이봉창 의사 역사울림관 151
유해로 돌아온 독립운동가를 뵙다: 효창공원 삼의사 묘역 155
임시정부 요인들의 무덤을 찾아서: 효창원과 현충원, 임시정부요인 묘역 160
해방 후에도 이어진 독립운동가들의 수난: 효창공원 163

5장 혼란과 격동의 현장: 이화장, 경교장, 서대문형무소, 4.19기념탑

1. 해방 정국의 현장 173
이승만에게 집을 빌려준 친일 거부: 돈암장 175
이승만은 어떻게 대통령이 되었나: 이화장 177
김구는 왜 죽임을 당했을까: 경교장 179
잊혀진 김규식: 삼청장 183

2. 민주주의를 향한 여정 187
조봉암의 죽음: 서대문형무소 190
민주주의를 향한 외침: 4.19기념탑 193

6장 대한민국의 성장과 발전: 창신동, 청계천, 을지로, 청와대, 세종대로

1. 경제 성장과 도시 공간의 변화 201
의류 산업, 대한민국을 일으키다: 창신동 203
전태일 열사와 근로기준법: 평화시장 208
도시 성장의 명과 암: 세운상가, 을지로 특화 거리 211
경제 성장의 겉과 속: 소공동 218

2. 대한민국은 어떤 나라인가? 223
남북 대립의 극한, 1.21사태: 북악산길 225
세월호 사건과 대통령: 청와대 229
대한민국의 주인은 누구인가: 세종대로 238

나오는 말 245
참고 문헌 247

1장

관련 연표

한국사		세계사	
연도	중요 사건	연도	중요 사건
1863	고종 즉위, 흥선대원군 집권	1865	남북전쟁 종전, 링컨 대통령 암살
1866	병인박해, 제너럴셔먼호 사건, 병인양요	1866	북부독일연방 수립
1871	신미양요	1869	수에즈운하 완공
1875	운요호 사건	1870	프로이센-프랑스 전쟁(프로이센 승)
1876	강화도 조약(조일수호조규) 체결	1871	독일 통일, 독일제국 성립

개항의 현장: 인천, 강화도

- 첫 답사지는 강화도를 거쳐 제물포로 간다. 강화도와 제물포는 한국 근현대사의 시작을 알린 사건이 일어난 곳이다.
- 강화도에서 1866년에 병인양요, 1871년에 신미양요가 일어났고 1876년에는 강화도 조약이 체결되었다. 제국주의 열강들이 강화도를 공격한 이유와 그에 대한 조선의 대응을 알아본다.
- 1883년에 개항장이 된 제물포는 개항 이후 조선의 변화를 가장 잘 볼 수 있는 곳이다. 외국인이 개항장에서 어떤 활동을 했는지, 개항이 조선 사회에 어떤 변화를 일으켰는지 알아본다.

1

역사의 고장
강화도

답사 코스

외규장각,
고려궁지
연무당터
갑곶돈대
강화대교
강화도
김포
염하
광성보-손돌목돈대,용두돈대
대모산
덕진진
정족산성,
선등사
초지진
초지대교

병인양요의 현장: 외규장각과 정족산성

서해에서 가장 큰 섬인 강화도는 김포시와 강화대교, 초지대교로 연결되어 있어 많은 사람이 찾는 곳이다. 면적은 서울시의 절반에 불과하지만 강화도의 역사는 한국사의 축소판이라고 할 만하다. 우리나라 청동기 시대를 대표하는 부근리 지석묘 유적이 있고, 고려 시대에는 몽골의 침략에 맞서 38년간 임시 수도였으며, 1876년에 한국 근대사의 기점으로 삼는 조일수호조규도 강화도에서 체결되었다. 이제부터 역사의 고장 강화도에서 한국 근대사 현장 답사를 시작한다.

차를 타고 강화대교를 건너면 다리 아래로 흐르는 바닷물이 보인다. 강은 아니지만 염하鹽河라고 부른다. 강화도와 김포반도 사이의 강화해협을 지나는 물길이다. 소금을 잔뜩 실은 배들이 염하를 지나 마포의 새우젓 장사꾼들에게 팔러 다닌 탓에 이런 이름이 붙여졌을까? 유독 바

김포 문수산성에서 본 염하와 강화도 북부의 모습

닷물이 짜서 붙여진 이름일까? 염하는 험한 물살로 유명하여 적을 방어하는 데 유용했다. 그래서 고려는 강화도에 임시 수도인 강도江都를 건설했고, 조선은 전란이 발생할 경우 왕이 최후로 피난할 곳으로 강화도를 택해 강화유수부를 두었다. 강화도에 왕실의 보물을 보관하는 외규장각과 정족산사고를 설치한 이유 역시 염하 때문이었다.

프랑스군의 침략을 받았던 갑곶돈대

김포에서 강화대교를 건너 강화도로 들어서면 왼쪽에 갑곶돈대가 있다. 갑곶돈대는 강화도를 찾는 사람들이 가장 먼저 만나는 유적지로, 병인양요의 현장이다. 1866년 9월 6일 새벽 6시, 프랑스 상륙군 600여 명이 갑곶에 상륙했다. 프랑스군이 조선을 침략한 이유는 천주교 포교에 대한 자유와 개항을 강요하기 위함이었다. 경상, 전라, 충청 지역의 물자들을 조선의 수도인 한성부로 운송하는 통로에 위치한 염하를 막아 버리면 물자 유통이 어려워진다. 프랑스는 바로 이 점을 노리고 강화도를 공격해 조선으로 하여금 자신들의 요구를 받아줄 것을 강요하려 했다.

서구 열강과 조선의 최초 전쟁인 병인양요가 갑곶돈대에서 시작된 것이다. 그런데 갑곶돈대에 배치된 조선군은 프랑스군이 상륙하자 별다른 저항도 하지 않고 피해 버렸다. 갑곶돈대에는 조선군의 무기인 홍이포가 있었지만 전쟁에서는 별 쓸모가 없었다. 상륙한 지 2일 후에 프랑스의 로즈 제독은 대포를 이용해 강화산성 남문을 공격했다. 강화산성은 허무하게 무너졌다. 무기의 성능 면에서 조선군은 그들의 상대가 되지 못했다.

갑곶돈대에 전시 중인 홍이포

전 세계를 약탈했던 프랑스군의 도둑질은 조선에서도 마찬가지였다. 창고에서 은괴 19상자와 고문서를 모조리 훔쳐 갔다. 성리학과 학자들의 나라였던 조선은 전쟁에 대한 준비를 제대로 하지 않았기에 프랑스군을 물리칠 힘이 없었다.

옛 고려궁터인 강화유수부 관아 안에 위치한 외규장각 건물 앞에 잠시 걸터앉아 가방에서 앙리 쥐베르의 《조선원정기》를 꺼내 읽었다.

복원된 외규장각 건물

"극동의 모든 국가들에게 우리가 경탄하지 않을 수 없고 동시에 우리의 자존심을 상하게 하는 것은, 아무리 가난한 집이라도 집 안에 책이 있다는 사실이다. 글을 읽을 줄 모르는 사람이 거의 없으며, 글을 읽지 못하면 주위 사람들로부터 멸시를 받는다. 만일 문맹자들에 대한 그토록 신랄한 비난을 프랑스에 적용시킨다면 프랑스에는 멸시 받아야 할 사람들이 부지기수일 것이다."

당시 프랑스군은 요즘의 파리지앵이 아니었다. 문맹자들이 너무 많았다. 나는 《조선원정기》의 내용을 되새기며 복원해 놓은 외규장각 건물 안으로 들어가 의궤에 대한 전시물을 둘러보았다.

지금 보아도 너무도 대단한 책들이다. 프랑스는 이때 훔쳐 간 왕실 의궤 297권을 임대 형태로 한국에 보냈을 뿐, 아직까지도 영구 반환을 하지 않고 있다. 세계적인 보물 의궤를 보며 문화의 힘에서만큼은 우리가 프랑스에 밀리지 않았음을 확인하고 작은 위안을 받았다.

발길을 정족산성으로 돌렸다. 병인양요 당시 조선의 자존심은 정족산성을 지키던 양헌수와 군사들이 지켜 주었다. 정족산성은 마니산 동쪽에 위치하고 있다. 삼랑성이라고도 한다. 단군의 세 아들인 부루, 부우, 부소가 지었다는 전설이 전해져 오는 곳이다. 정족산성 안에는 전등사와 정족산사고가 있다. 사고는 조선의 귀한 보물인 실록을 보관하는 곳이다. 사고 옆에는 왕실의 족보인 선원록을 보관하는 선원보각이 있다. 사고와 선원보각은 전등사 승려들이 지켜 냈다. 전등사는 381년에 고구려의 승려 아도화상이 창건했다고 전해 온다. 하지만 고구려에 불교가 도입된 지 10년도 안 된 시점에 변방이었던 강화도에 사찰이 창건되었다는 이야기는 믿기 어렵다. 삼랑성과 전등사의 역사가 오래되었다는 정도로만 이해하려 한다.

1866년 10월 1일, 양헌수 장군은 프랑스군 몰래 염하를 건너 정족산성에 도착했다. 이 소식을 들은 프랑스군의 올리비에 대령은 10월 3일에 병사 160여 명을 이끌고 정족산성으로 쳐들어왔

정족산성 남문

다. 조선군의 주력 무기는 사정거리가 100보밖에 되지 않는 화승총이었다. 프랑스군에 비해서 크게 뒤처진 무기였다. 하지만 전쟁은 무기 성능만으로 승부가 결정되는 것이 아님을 양헌수 장군이 보여 주었다. 정족산성 동문과 남문에서 벌어진 전투에서 죽거나 부상당한 프랑스군은 60여 명이 넘었다. 조선군은 1명 전사에 부상자 4명뿐이었다. 정족산성 남문은 옹성 구조로 되어 있어 성안에서 3면으로 공격할 수 있다. 게다가 성벽은 높고 성가퀴가 군사들의 몸을 가려 주었다. 양헌수 장군의 전략과 지형상의 이점이 무기의 열세를 만회한 것이다. 조선의 자존심을 살린 작은 승리였다.

정족산성 전투에서 패하자 로즈 제독은 조선의 저항이 강력함을 알고 즉시 10월 5일에 강화도에서 퇴각했다. 만약 이때 프랑스군이 정족산성을 점령했다면 현재 서울대 규장각에 보관 중인 정족산사고본 조선왕조실록은 프랑스에 빼앗겼을 것이다. 양헌수 장군과 이름이 전해 오지 않는 조선군인 분들에게 감사의 묵념을 올렸다.

신미양요의 현장: 초지진과 광성보

병인양요가 일어나기 전인 1866년 7월에 미국의 무장 상선 제너럴셔먼호가 조선의 허락도 없이 대동강을 거슬러 올라가 조선 제2의 도시였던 평양 시내에 나타났다. 게다가 제너럴셔먼호는 평양성 앞에서 대포를 쏘며 개항을 하라고 요구했다. 그들은 협상을 위해 방문한 조선 사람을 인질로 삼고 쌀과 금, 은, 인삼을 요구하는 행패를 부렸다. 1840년 아편 전쟁 이후, 서양인들은 중국을 비롯한 동아시아 사람들을 무시했다. 남의 나라에 함부로 들어온 도둑임에도 돌아가라는 조선의 요구를 무시하는 그들의 오만함에 평양 시민들은 분노했다. 결국 제너럴셔먼호는 조선 사람들에 의해 불타고 선원들은 모두 살해되었다.

이 사건이 벌어진 지 5년 후인 1871년에 미국은 제너럴셔먼호의 잘못된 행동을 반성하기는커녕 조선에 책임을 묻겠다며 침략해 왔다. 신미양요가 벌어진 것이다. 신미양요의 현장 역시 강화도였다. 미군은 염하를 봉쇄하면 조선이 자신들의 요구를 받아들일 것이라고 판단했기 때문이다.

정족산성에서 가까운 초지대교는 강화해협 입구에 위치하는데 그 옆에 있는 초지진은 염하 방어를 위한 요충지다. 1871년 4월, 압도적인 화력을 지닌 미군함의 포격과 함께 미 해병 450여

신미양요 당시 포탄을 맞은 초지진의 소나무

명이 상륙했다. 미군은 순식간에 초지진을 점령했다. 그 당시에 포탄을 맞아 생긴 상흔을 간직하고 있는 소나무에서 지금도 전투의 흔적을 찾아볼 수 있다.

초지진을 함락한 미군은 곧장 또 다른 강화도의 요새인 덕진진으로 향했다. 엄청난 포격을 가해 덕진진도 함락시켰는데 이 과정에서 조선군은 별다른 저항을 하지 못했다. 조선군은 광성보에서 결사 항전을 다짐했지만 전투 전부터 이미 불리한 상황이었다. 미군이 광성보를 다 내려다볼 수 있는 대모산을 점령하는 것을 방치했기 때문이다. 미군은 이곳에서 대포로 광성보를 포격했다. 바다에서는 미군 함선이 달그렌포로 포격을 개시했다. 어재연이 지휘했던 조선군은 홍이포와 불랑기, 화승총으로 적과 맞섰다. 그런데 미군 전함에서 발사된 포탄은 작열탄으로, 터지면 주변에 있는 사람까지 파편에 맞아 죽었다. 조선의 비격진천뢰보다 훨씬 위력적이었다. 물론 발사 거리도 조선의 홍이포보다 훨씬 멀었다. 홍이포는 쇳덩이를 발사했지만 터지지 않아 위력이 약했다.

전투가 벌어졌던 손돌목돈대에서 본 염하

강화도에 있는 50여 개의 돈대 가운데 가장 아름다운 모습을 자랑하는 용두돈대는 이때엔 완성되어 있지 않았다. 해안가에 위치한 이곳에 홍이포를 배치해 미군 함정을 향해 발사했더라면 미군에 약간의 타격을 주었을지도 모른다. 당시 조선군은 이보다 위쪽인 손돌목돈대를 주된 진지로 삼고 미군과 맞섰기 때문에 홍이포의 포탄은 멀리 떨어진 미국 군함을 맞추지 못했다. 반면 한 시간 동안 이어진 미군의 포격으로 광성보는 처참하게 파괴되었다.

미군 해병대 300여 명은 손돌목돈대를 향해 진격했다. 심지에 불을 붙여 쏘는 화승총으로 무장한 조선군은 긴 사정거리와 강력한 힘을 가진 후장식 소총을 쓰는 미군을 당해낼 수가 없었다. 총을 쏘는 속도와 정확성, 파괴력에서 차이가 컸다. 백병전도 마찬가지였다. 조선의 칼은 미군의 총칼과 부딪히면 뎅그렁 부러지고 말 정도로 철의 강도에서 격차가 너무나 컸다. 백병전은 미군에 의한 사실상의 학살이었다. 미군에게 쫓긴 조선군은 용두돈대 방향으로 도망치다 용두돈대 아래 절벽으로 투신했다.

광성보는 비극의 현장이다. "아름다워서 너무나 슬픈 이야기"라는 노랫말처럼 용두돈대의 절경이 당시 비극을 더욱 슬프게 만든다. 150여 년 전 죽은 병사들의 아우성을 담고 있는 듯, 용두돈대 앞의 염하는 거센 울음소리를 내며 흐르고 있다. 미군 전사자는 3명, 부상자 10여 명인데 비해 조선군은 어재연을 비롯한 350여 명의 장병들이 전사하거나 자결했다.

광성파수순절비

광성보에는 당시 전투에서 최후를 맞이한 분들의 충절을 기리는 광성파수순절비, 목숨을 잃은 무명용사를 합장해 7기의 분묘에 모신 신미

순의총, 광성보에서 끝까지 항전한 어재연과 어재순 형제를 기리는 쌍충비가 있다. 비문에는 이렇게 쓰여 있다.

"늠름한 충성과 용맹은 해와 달처럼 빛나고, 형제가 따라서 죽어서 돌아갔네. 형은 나라 위해 죽고 아우는 형을 위해 죽으나, 한 가문의 충성과 우애 오랜 세월 기억되리."

용맹하게 싸운 조선군의 용기와 충성심은 분명 존경받아야 한다. 하지만 전쟁은 충성심과 용맹함만으로 이길 수 있는 것이 아니다. 광성보 전투는 어른과 아이의 싸움이었다. 그래서 우리가 잊지 말아야 할 것이 있다.

현재 광성보에는 불랑기포와 홍이포가 전시되어 있다. 1636년 병자호란 이후 조선에서 사용되기 시작한 홍이포는 명나라에서 서양의 컬버린포를 모방하여 제작한 중국식 대포로, 불랑기포보다 위력이 뛰어났다. 컬버린포가 유럽에 등장한 것은 15세기 중반으로, 17세기까지 사용되었다. 그런 대포를 조선은 1870년대까지 사용했으니 서양에 비해 3~4백 년이나 뒤처져 있었던 것이다. 그랬던 조선이 서구 열강을 한순간에 따라잡는 것을 기대할 수는 없다. 하지만 늦었음을 자각했어야 했고, 따라잡기 위해 빠른 걸음을 걸어야만 했다.

광성보 소나무 숲길을 걸으며 조선이 왜 그렇게 중화 세계의 울타리에 갇혀 더 넓은 세상을 보지 못하고 우물 안 개구리로 남았는지가 궁금해졌다. 위대한 역사에서 자긍심을 얻는 것도 필요하지만, 때로는 비극의 역사에서 교훈을 얻는 것도 필요하다. 160년 전의 교훈을 오늘날 우리는 제대로 배우고 있는 것일까? 전쟁 대비를 충분히 하지 못하면 나라를 지키려는 노력이 맹목적인 충성심 또는 무모한 용기로 전락할 수도 있다.

당시 미군은 조선이 완강히 저항하자 스스로 철군하고 말았다. 프랑스군에 이어 미군마저 철수하자 대원군은 외세를 몰아냈다고 착각했다. 광성보 전투에서 대패했다는 사실을 심각하게 생각하지도 않았다. 왕이나 대원군이 직접 오기는 어렵더라도, 병조판서라도 현장을 보러 왔다면 어떠했을까? 하지만 그런 일은 없었고, 조선은 척화비를 전국 곳곳에 세워 변화를 거부했다. 또 다시 적이 쳐들어온다면 어떻게 막을 것인가에 대한 대책 없이 서양 오랑캐를 배척한다는 구호만을 외쳤다. 안타까운 시간이었다.

강화도 조약 체결의 현장: 연무대

광성보에서 출발해 강화산성으로 향했다. 강화산성 서문 남쪽에 연무당 옛터가 있다. 연무당은 군사들을 훈련시키던 곳이다. 연무당에서 1876년에 조선과 일본의 강화도 조약으로 널리 알려진 조일수호조규가 체결되었다. 조선이 조일수호조규를 체결하며 개항을 하게 된 데는 몇 가지 이유가 있었다. 1875년에 일본이 강화도 초지진을 포격하며 운요호 사건을 일으켜 조선을 위협한 것이 1차 원인이었지만, 청나라의 개항 권고를 무시하고 서양 세력을 배척하던 대원군이 1873년에 권좌에서 물러나고 고종이 직접 정치를 하면서 개항의 필요성을 느꼈기 때문이다.

조일수호조규는 조선이 체결한 최초의 근대식 조약이었다. 하지만 일본의 경제 침탈이 용이하도록 3개 항구를 개항하고, 일본인이 조선에서 죄를 저질러도 조선이 함부로 죄를 물을 수 없는 치외 법권을 인정하는 등 조선에게 불리한 불평등 조약이었다. 일본의 침략 의도가 분명히 드러난 조약이었지만 근대식 조약을 체결해 본 적이 없던 조선은 이 조약의 문제점을 알지 못했다. 그렇게 우리나라의 근대사가 시작되었다.

만약 조선이 원했고 평등한 조약 체결이었다면 강화도 연무당 터는 우리나라 근대화의 시작을 알리는 명소가 되었을 것이다. 그런데 연무당터 안내문에는 "이곳에서 체결된 강화도 조약에 의해 우리나라는 인천, 부산, 원산을 일본에 개항하게 되었다. 우리 민족의 암울했던 과거사를 잊지 않기 위하여 비를 세우고 민족 자주 의식을 드높이 간직해야 한다는 경고를 하고 있다"며 아픈 역사의 현장으로 소개한다. 하지만 개항한 것 자체를 조선이 식민지로 전락한 것으로 본다면 1876년부터 1910년까지 조선의 역사는 의미가 없는 셈이다. 적절하지 못한 안내문이다. 일본이나 태국처럼 개항을 했어도 타국의 식민지가 되지 않은 나라들도 있다. 조선은 왜 독립을 유지하지 못하고 식민지가 되었는지를 알아보아야 한다. 개항과 더불어 조선 사회에 어떤 변화가 있었고 조선의 대응이 어떠했는지를 살펴야 한국 근대사를 제대로 평가할 수 있다.

개항과 함께 강화도는 수도를 지키는 방파제의 역할에서 벗어나면서 한적한 서해안의 섬으로 남았다. 이제 강화도를 떠나 신천지였던 제물포 개항장으로 발걸음을 옮겨 본다.

2

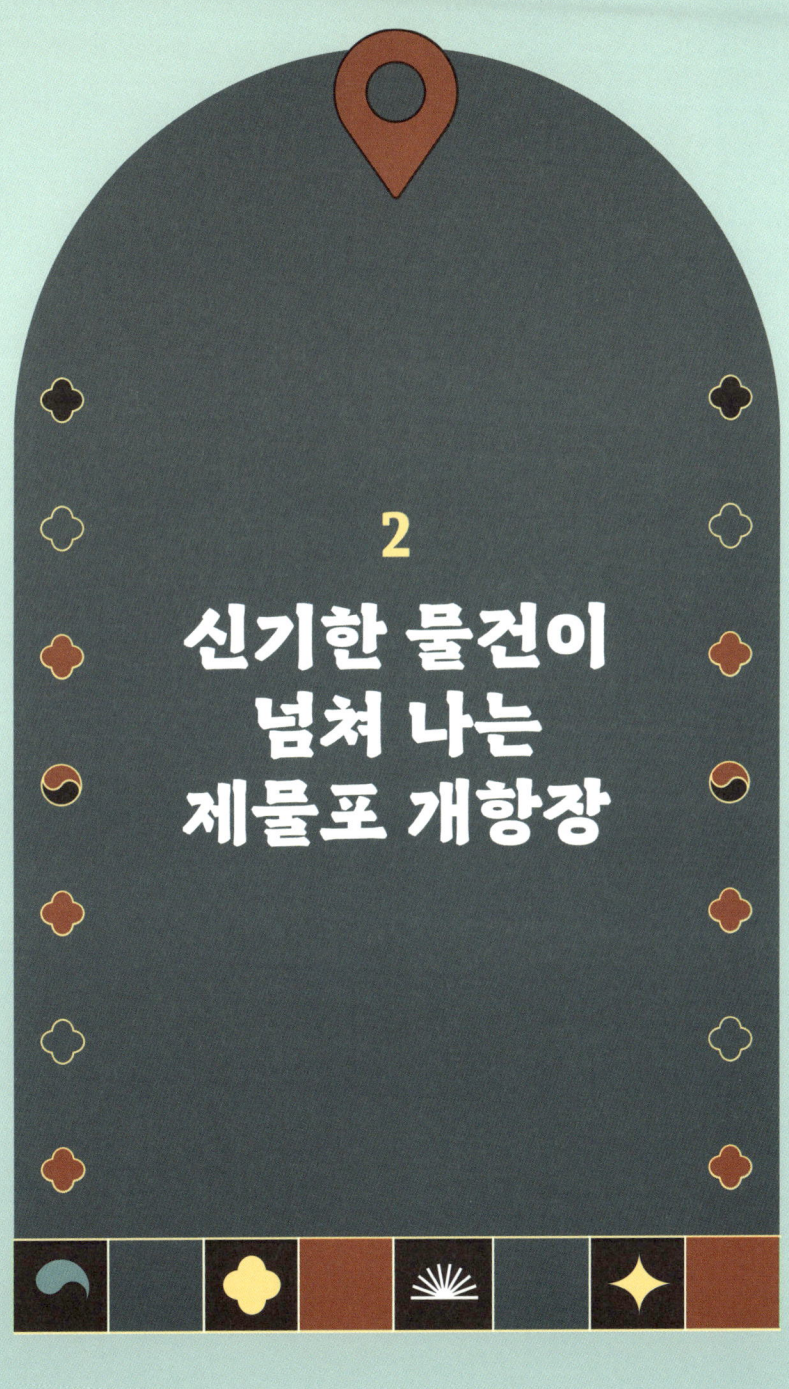

신기한 물건이 넘쳐 나는 제물포 개항장

답사 코스

① 인천역
존스턴 별장
차이나타운 패루
러시아 영사관
공화춘
제물포 구락부
세창양행 기숙사
청국영사관
영국영사관
모스 주택
일본영사관
대불호텔
인천세관
한국기독교 100주년기념탑
일본제일은행
일본제18은행
일본제58은행
타운센트 정미소
세창양행
제물포 개항 당시 포구
미두취인소
수인분당
신포역
인천세관 역사공원

제물포, 개항장이 되다: 인천세관과 각국 조계지

제물포 개항장에 가기 위해 아침 일찍 길을 나섰다. 전철 1호선을 타고 제물포역에 도착했다. 제물포 개항장에 가야 한다는 생각에 집중했던 탓일까? 제물포역이란 말을 듣고 전철에서 내려 개찰구를 나가려는 순간, 주변을 보니 뭔가 이상했다. 바다 냄새가 없다. 아차! 이곳이 아니지. 3개 역을 더 가야 한다. 도원역, 동인천역을 지나 종착역인 인천역에 내려야 한다. 그곳이 진짜 제물포다. 인천역의 본래 이름은 제물포역이었다.

인천역 개찰구를 나오면 '한국철도 탄생역'이라고 쓰인 기차 모양 석상이 눈에 들어온다. 1899년에 우리나라 최초의 철도인 경인선이 이곳에서 시작되었음을 알리는 상징물이다. 1876년 일본과 강화도 조약을 체결한 조선은 3개 항구의 개항을 약속했다. 그 결과 1876년 10월에 부산항이, 1880년 4월에는 원산항이 개항했다. 그런데 제물포만큼은 차일피일 개항을 미뤘다. 일본이 제물포 개항을 요구한 까닭은 서울에서 가장 가까우면서도 수심이 깊어 기선汽船이 정박할 수 있는 항구이기 때문이다. 바로 그 이유로 조선은 서울과 가까운 제물포만큼은 개항하려 하지 않았다. 그런데 1882년 7월 17일에 임오군란 처리 문제로 조선과 일

해망대산에서 내려다 보이는 개항 후 외국인이 처음 도착한 포구터와 기독교100주년 기념탑. 앞에 보이는 산은 월미도다.

본 사이에 제물포 조약과 강화도 조약 속약續約 2개조가 체결되면서 제물포의 개항이 결정되었다.

서해안의 작은 어촌에 불과했던 제물포는 1883년 1월 1일에 개항이 되면서 천지개벽이 일어났다. 낯선 외국인들이 제물포에 상륙하더니 기와집이 아닌 벽돌집을 짓고 살기 시작한 것이다. 제물포는 조선 안의 외국이 되었다. 인천역 바로 앞에 보이는 차이나타운의 패루牌樓는 이곳이 이방인이 드나들던 개항장이었음을 알려 주고 있다. 관광객으로 붐비는 차이나타운으로 가는 것을 잠시 미루고 먼저 가야할 곳이 있다.

외국인 전용 카지노 클럽으로 유명한 파라다이스 호텔이 있었던 언덕으로 가면 개항장 일대를 한눈에 볼 수 있다. 이곳은 바다를 감시하는 해망대가 있었기에 해망대산이라 불린다. 작은 언덕에 불과하지만 인천 내항內港을 보기에는 이곳이 최고다. 해망대산 아래가 제물포 개항 후 최초로 외국인이 도착한 곳이다. 제물포 개항과 함께 해망대산 남쪽의 현재 인천중부경찰서 자리에 해관海關이 설치되었다.

조선이 일본, 청국, 미국 등과 통상 조약을 체결하면서 세계의 온갖 물건들이 해관 앞 부두를 통해 들어왔다. 물건만 들어온 것이 아니라 서양의 종교도 들어왔다. 1885년 4월 5일 부활절에 미국 선교사 언더우드와 아펜젤러 목사가 제물포 개항장으로 입국한 것을 기념해 1986년 3월 30일 부활절에 한국기독교100주년기념탑이 해망대 아래에 세워졌다. 한국기독교 역사에서 제물포 개항장은 큰 의미가 있는 장소다. 하지만 19세기 말 개항장에서 기독교를 믿는 사람들은 많지 않았다. 조선인들은 기독교가 아닌 영국제 면직물에 마음을 빼겼다. 일본은 조선에서 소가죽과 쌀 등을 수입했지만, 아직 산

인천역 앞에 있는 차이나타운 제1패루
(출처: 위키피디아)

업화 초기 단계였던 터라 조선에 마땅히 팔 물건이 없었다. 일본이 조선에 가장 많이 수출한 것이 바로 영국에서 수입해 조선에 되판 면직물이었다. 산업 혁명을 일으킨 영국은 인도에서 목화를 가져다가 방적 공장에서 대량으로 값싼 면직물을 생산해 세계에 팔았는데, 일본뿐만 아니라 청나라도 영국제 면직물을 수입해 다시 조선에 팔았다. 영국에서 생산된 면포는 옥처럼 희다고 해서 옥양목玉洋木이라 불렸다. 표백 처리가 잘된 옥양목에 비해 조선 농가에서 여인들이 베틀로 짠 면포는 누르스름했다. 옥양목은 엄청난 인기를 끌었고, 그로 인해 국내산 면포 생산은 급격히 줄었다.

옥양목 외에도 다양한 외국 물품들이 조선에 들어오면서 외국 상인들도 함께 들어왔다. 이화양행, 세창양행, 홈링거양행, 타운센트상회, 광창양행 등 큰 자본력과 서양의 신상품을 가져온 서양인들이 개항장에 등장했다. 특히 독일 세창양행의 활동이 두드러졌다. 세창양행이 국내에 판 물건 중에 말라리아 치료제인 키니에가 있는데, 금계랍金鷄蠟으로 불리면서 해열제, 강장제, 위장약으로 널리 사용되었다. 조선에서는 만병통치약으로 선풍적인 인기를 얻은 금계랍은 1896년 11월 7일 자 독립신문에 한국 최초로 광고를 한 상품이었다. 금계랍 외에도 세창양행에서 판 독일산 바늘도 큰 인기를 끌었다.

그 밖에 서양의 여러 기계 장비들도 수입되었다. 1889년에 미국에서는 미곡을 곱게 마찰해 도정할 수 있는 정미기가 개발되었다. 미국 타운센트상회는 증기력을 응용한 정미기를 들여와 개항장에서 정미소를 운영했다. 조선의 쌀을 일본 등지에 팔 때 쌀을 도정하면 운송비도 덜 들고 비싸게 팔 수 있었다. 타운센트정미소에서 도정된 쌀은 7분도까지 깎은 백미였다. 도정 기술이 발달하지 않은 조선 시대에는 왕도 현미나 3분도, 5분도 쌀로 먹어야 했다. '고깃국에 흰 쌀밥'이 가난한 사람들이 가장 먹고 싶은 음식이라는 말도 있었지만, 지금 우리가 먹는 흰 쌀밥은 조선의 왕도 먹을 수 없었다. 개항장에서 본 백미를 사람들은 '수정미'라고 불렀다. 비로소 근대 이후에야 한국인은 지금처럼 새하얀 쌀밥을 먹기 시작한 것이다. 개항은 조선 사람들의 삶에 조금씩, 하지만 거대한 변화를 가져왔다.

해망대산에서 바다를 보면 앞에 작은 봉우리가 보인다. 과거에는 섬이었던 월미도다. 월미도 앞쪽에 바닷물의 수위를 조절해 주는 도크가 있고 그 안쪽으로 인천 내항이 있다. 인천 내항에서는 갈매기가 보이지 않는다. 갈매기가 모이는 항구는 갓 잡은 생선을 실은 어선들이 모이는 어항이다. 인천 내항은 거대한 컨테이너 선박들이 정박하는 제1부두부터 8부두까지 갖추고 있다. 이곳에서 잡화, 철제, 양곡, 자동차 등 수많은 물건이 배에서 하역되고 실린다. 컨테이너를 들어 올리는 거대한 도크 크레인들이 곳곳에서 보인다. 지금 눈앞에 보이는 풍경을 140년 전 조상들은 상상이나 할 수 있었을까?

제물포 개항장에 1883년 9월 일본인 조계지가 생기더니 다음 해 4월에는 청국 조계지, 10월에는 각국 조계지가 생겼다. 일본, 청국, 영국, 러시아의 영사관도 들어섰다. 저마다의 독특한 문화를 가진 사람들이 개항장에 살게 되자 각국인의 거주지별로 서로 다른 풍광을 띠게 되었다.

해망대산 위에 있었던 영국영사관터

높이 72미터의 응봉산과 연결되어 용머리라고도 불린 해망대산 위에 영국영사관이 있었고, 러시아영사관은 인천역 바로 옆에 있었다. 영국과 러시아영사관은 조선에서는 볼 수 없었던 전형적인 서양식 건물로 지어졌다. 또 해망대산에서 응봉산으로 가는 길에 자리 잡았던 청국 조계지에 지금의 차이나타운이 만들어졌다. 청국영사관이 들어서고 그 주위에 청국식 벽돌 2층 건물들이 줄지어 생기면서 화교의 집단 거주지가 된 것이다. 청국 조계지의 동쪽은 일본 조계지다. 지금의 인천중구청 자리에 일본영사관을 중심으로 2층 목조 주택인 마찌야町家와 일종의 연립 주택인 나가야長屋가 들어섰다.

인천중구청 뒤쪽에서 산으로 올라가면 우리나라에서 가장 오래되고 큰 140살 먹은 플라타너스 나무를 볼 수 있다. 높이 약 30미터, 둘레 약 5미터에 달할 만큼 거대하다. 플라타너스 나무는 빠르게 자라고 공해에 강하며 공기 정화 능력도 높아 가로수로 널리 사용되었다. 하지만 관리가 힘들어 지금은 많이 사라졌다.

이곳에서 조금만 더 올라가면 제물포구락부俱樂部가 나온다. 구락부는 Club을 일본식으로 표현한 것이다. 제물포구락부는 1891년에 만들어졌고 현재의 건물은 1901년에 지어졌다. 회원은 서양인과 중국인, 일본인들로 한국인은 없었다. 클럽에는 바와 테이블을 갖춘 사교실, 도서실, 당구대, 실외에는 테니스 코트가 있었다. 클럽이 만들어질 당시, 개항장 인구 1만 7,507명 가운데 서양인은 75명 뿐이었다. 그렇지만 세관 직원, 상인, 선교사 등 영향력이 큰 사람들이었다. 이처럼 서양인은 소수에 불과했지만, 이들이 사는 각국 조계는 일본과 청나라 조계지보다 월등

제물포구락부 건물

히 큰 14만 평이나 되었다. 클럽 건물은 인천시에서 2007년에 리모델링하여 지금은 박물관으로 운영되고 있다.

3대 인천세관장을 지낸 제임스 존스턴을 비롯해, 운산금광 채굴권을 따낸 제임스 모스 등 외국인들은 사생활이 보장되고 서늘한 고지대를 선호하여 응봉산 중턱의 제물포구락부 주변에 거대한 서양식 저택을 짓고 살았다. 응봉산 정상에는 자유공원이 있다. 이곳에는 우리나라 최초의 서양식 건물인 세창양행 직원용 기숙사가 있었다. 그런데 세창양행 기숙사 건물은 인천상륙작전 때 사라지고 지금은 맥아더 동상이 그 자리에 서 있다. 서양인들이 살던 집들도 대부분 원래 모습을 잃어버렸다. 다만 제물포구락부 건물 옆에 전시해 둔 1900년경의 사진을 통해 당시 모습을 상상해 볼 수 있다.

세창양행 직원 기숙사가 있던 자유공원에 세워진 맥아더 동상

일제 경제 침탈의 첨병: 일본 은행과 제물포항

개항 후 서양인과 화교는 새로운 물건과 문화를 가져와 조선 사회에 변화를 일으켰다. 하지만 서양인과 화교보다 조선을 더 크게 변화시킨 것은 일본인이었다. 차이나타운에서 화교중산학교를 지나 동쪽으로 가면 계단이 있고, 그 중간에 공자상이 서 있다. 이곳을 기점으로 동쪽이 일본 조계지였는데, 인천중구청 건물 자리에 있던 일본영사관부터 그 앞쪽 좌우로 항구에 이르기까지 면적이 7천 평에 달했다.

이곳에서 꼭 들러야 할 곳은 인천개항박물관이다. 개항장의 역사를 한눈에 볼 수 있는 곳이다. 그런데 한국은행 건물의 축소판처럼 보이는 인천개항박물관 건물은 원래 일본 제일은행 지점으로 지어졌다. 일본 제일은행은 개항 후 생긴 최초의 근대적 금융기관으로 일본인의 무역과 상업 금융을 지원했다. 1884년에 조선의 해관세 취급 특권을 얻었는데, 1897년 이후 매년 100만 원을 넘겼던 해관세는 당시 조선 정부 수입의 15~30%를 차지할 만큼 비중이 컸다. 일본 제일은행은 해관세를 담보로 차관을 제공하여 조선 금융계에서 확고한 위치를 차지하면서 1902년에 독자적인 은행권을 발행했다. 외국 은행이 화폐를 발행한다는 것은 심각한 주권 침해였다. 대한제국은 중앙은행 설립을 준비했지만 러일전쟁 발발로 무산되었다. 일본은 대한제국의 관리였던 이용익을 일본으로 납치해 대한제국의 지폐 발행을 방해했다. 제일은행권이 유통되면서 조선의 상인들은 큰 타격을 입었다. 일본 상인은 청 상인과 달리 은행의 지원을 받아 가며 활동했다. 일본은 금융업을 통해 조선 경제를 완

인천중구청 건물은 과거에 일본영사관이었다.

전히 장악하게 되었다. 이러한 금융 침탈은 단순한 물건 수출입보다 훨씬 강력하게 조선을 옥죄었다. 제일은행권은 조선을 찌른 일제의 가장 날카로운 칼이었다. 당시 일본 제일은행 지점 옆에는 18은행 지점, 58은행 지점도 있었다.

일본제18은행 지점

일본제58은행 지점

일본은 개항장을 조선 경제 침탈의 교두보로 삼았다. 조선인은 서양인, 일본인, 청국인이 가져온 물건이 항구에 도착하면 이를 하역하는 일 또는 외국으로 나갈 물건을 배에 싣는 일을 했다. 가난한 조선인들은 일자리를 찾아 먹고살 수 있는 곳이라면 그곳이 어디든 갈 수밖에 없었다. 그들은 이곳 제물포항에서 배를 타고 하와이 농장으로 떠나기도 했다. 미국이 물밀 듯 밀려오는 값싼 청나라 노동자들을 견제하기 위해 다른 나라 노동력을 수입하기 시작하면서 조선의 노동자도 모집한 것이었다. 1902년 12월에 제물포에서 하와이로 떠난 121명을 시작으로 한국인 해외 이민의 역사가 시작되었다.

개항장은 새로운 변화의 공간이었다. 일본 제일은행 옆에는 대불호텔 건물이 있다. 일본인이 경영한 이곳은 우리나라 최초의 호텔이다. 1902년에 생긴 서울 정동의 손탁호텔이 유명하지만 대불호텔은 1888년에 최초로 영업을 시작한 곳이라는 점에서 의미가 있다. 호텔만 처음 시작한 것이 아니라 커피도 가장 먼저 팔았다. 한국인의 생활 습관까지 바꾼 커피 소비가 이곳 개항장에서 시작된 셈이다. 서구식 호텔로 번창하던 대불호텔은 1899년 경인철도가 개통되면서 쇠락하기 시작했다. 배를 통해 제물포항에 도착한 외국인들이 이곳에서 하루 숙박할 필요 없이, 곧장 인천역에서 기차를 타고 서울로 떠났기 때문이다. 대불호텔이 1907년 폐업하면서 개항장의 시대도 저물어 갔다.

2018년에 복원한 대불호텔 건물
(출처: 위키피디아)

화교와 짜장면의 탄생: 차이나타운

제물포 개항장의 대표 음식은 짜장면이다. 짜장면은 청나라에도 없는 음식이다. 당시 조선에 온 청나라 사람들 가운데는 목수, 석수, 미장이, 벽돌공 등 저임금을 받는 단순 노동자들인 '쿨리苦力'가 많았다. 또한 재단사, 이발사, 요리사 등 삼도업三刀業이라 불리는 손재주로 먹고사는 사람들도 많았다. 청나라 사람들의 출입이 잦아지자 이들을 위한 숙박 시설과 식당을 겸한 객잔이 생겼다.

차이나타운의 상징 패루. 현재 4곳에 패루가 있다(출처: 위키피디아).

옛 공화춘 건물은 짜장면 박물관이 되었다.

1908년에 우희광이 만든 객잔인 산동회관도 그중 하나였다. 손문의 신해혁명1911을 기념해 1912년에 '공화국의 봄'이란 뜻의 공화춘으로 이름을 바꾸고 짜장면을 팔았다. 빠르게 한 끼 식사를 할 수 있는 짜장면은 쿨리를 위한 음식이었다. 화교들은 집에서 춘장을 담가서 요리에 사용했다. 춘장을 볶고 각종 채소와 약간의 고기를 넣어 국수에 부어 먹은 음식이 짜장면이다. 그런데 공화춘이 짜장면을 최초로 판 음식점은 아니다. 공화춘 설립 이전인 1906년경 개항장에서 연남루, 동흥루, 함흥관, 사합관, 동해루, 흥륭관 등 6곳의 중화요리점이 이미 영업을 하고 있었기 때문이다. 분명 짜장면을 공화춘보다 먼저 판매한 곳이 있었을 것이다. 다만 짜장면이라는 이름을 내걸고 판 대표적인 식당이 공화춘인 것은 분명하다.

일제강점기 중화요리점의 대표 메뉴는 짜장면이 아니었다. 짜장면이 신문 기사에 등장한 것은 1930년대 중반으로, 대중적인 인기를 끈 것은 해방 이후다. 1948년 화교 왕송산이 용산구 문배동에 영화장유 공장을 세워 '사자표 춘장'을 생산하기 시작했다.

원래 짜장은 검은색이 아닌 황색에 가깝고 맛이 짜다. 그런데 물엿을 첨가해 단맛이 나는 사자표 춘장이 등장하면서 현재의 검은색 짜장면이 된 것이다. 또 차츰 한국인의 입맛에 맞게 달착지근하게 변했다. 저렴하지만 기름져 포만감을 주는 짜장면은 큰 인기를 얻어 오늘날 한국인이 가장 많이 먹는 음식으로 자리 잡았다.

하지만 한국의 화교 사회가 위축되면서 1983년 공화춘은 폐업을 했다. 다만 공화춘 건물은 청나라 시대 건축 양식을 갖고 있을 뿐 아니라 짜장면을 판 대표 식당이라는 점 덕분에 2006년에 등록문화재로 지정되었다. 2010년에 인천중구청에서 매입해 2012년 짜장면 박물관으로 문을 열었다.

차이나타운에 온 김에 오래된 짜장면 가게를 찾았다. 1918년 대불호텔을 인수해 설립한 중화루는 차이나타운에서 조금 거리가 떨어져 있지만 100년 넘는 역사를 자랑하는 집이다. 오랜 역사를 가진 집들이 계속 남아 있었으면 좋겠다.

1940년대의 차이나타운에 요릿집보다 많았던 것이 호떡집이다. 중국식 과자, 빵, 만두 따위를 파는 가게 모두를 호떡집이라고 했다. 지금도 차이나타운에서 중국식 호떡을 파는 집들을 찾아볼 수 있다. 화교들은 조선에 들어와 음식만 팔았던 것이 아니다. 앞서 말한 삼도업뿐만 아니라 양말 공장, 솥 공장, 종교 건축물 건설, 채소 재배 등에서도 두각을 나타냈다. 화교들은 조선에서 생존을 위해 열심히 장사를 해 많은 돈을 벌었다. 물론 화교들이라고 모두 타고난 장사꾼은 아니다. 외국에 나가 소수자로 살다 보니 남보다 더 열심히 일해야만 살아남을 수 있기 때문에 악착같이 일해 얻은 평판인 것이다.

기회의 땅이자 통곡의 땅, 인천: 미두취인소

"피를 빨아먹는 악마 굴이다."

1924년 잡지 <개벽>은 인천의 미두취인소를 이렇게 비판했다. 미두취인소米斗取引所는 쌀을 비롯한 곡물의 선물 시장을 말한다. 일본은 자국에 부족한 식량을 조선에서 구입했다. 그런데 쌀을 조달하기 위해서는 조선의 쌀 창고 주인들인 객주에 의존해야 했다. 그러자 일본 상인들은 조선의 곡물 유통 시장에 진출하기 위해 1896년에 미두취인소를 설립했다. 외국인 상사들의 반대와 조선 정부의 불허에도 불구하고 인천 주재 일본 영사관의 허가만으로 이루어진 것이다. 조선의 쌀을 수탈하겠다는 목적이 분명했다.

미두취인소는 오늘날의 증권 거래와 유사하게 투기와 가격 조작이라는 문제가 있었다. 풍년이 들지 흉년이 들지를 미리 예측해서 몇 개월 후에 거래될 쌀의 가격을 거래하는 것이다. 현물 없이도 보증금만 가지고 거래가 성립되었고 아무 때나 처분할 수 있었다. 많은 사람들이 미두취인소에서 거래를 하다가 가산을 탕진하는 바람에 '멸망동이 양성소'라 불리기도 했지만, 일부는 실제로 큰돈을 벌기도 했다. 심부름꾼 출신인 반복창은 '미두왕'이라 불리며 1920년대 초반 조선 최고의 부자가 되었다. 1921년, 21살의 그는 조선호텔에서 당시 조선 최고의 미인으로 불린 김후동과 화려한 결혼식을 올려 자신이 행운의 사나이임을 과시하기도 했다. 비록 반복창은 2년 만에 몰락했지만 사람들로 하여금 일확천금을 꿈꾸게 만들었다. 현재 미두취인소 건물은 사라지고 터만 남았다. 일확천금의 꿈도 그렇게 사라졌다.

일제는 산미증산계획을 통해 조선의 쌀 생산을 늘려 이를 일본으로 가져갔다. 경기도 일대에서 생산된 쌀은 인천항을 통해 일본으로 빠져나갔다. 정미 공장과 부두를 오가며 곡물을 옮기는 일이 많았기 때문에 제물포에서 일하는 한국인이 많았다. 또 인천에는 1917년에 일본인이 설립한 성냥 공장을 비롯해 다양한 공장이 들어섰다. 1930년대 이후에는 부평에 군수 공장이 들어서면서 인천은 일제 대륙 침략의 물자를 보급하는 항구로 주목받아

1917년 인천에 들어선 조선인촌주식회사에서 제작한 성냥. 국내에서 본격적으로 성냥을 제조한 것은 이 회사가 처음이다 (출처: 위키피디아).

더욱 번성했다. 인천, 부평, 영등포, 경성으로 이어지는 경인선을 따라 공장들이 들어서며 수많은 노동자를 끌어들였다. 하루하루 힘든 삶을 이어가는 노동자들은 일확천금을 꿈꾸며 투기 장소인 미두취인소나 도박장 등으로 몰려들기도 했다. 1920년에 경성의 황금정 사거리서울 현 을지로에는 경성현물주식취인시장이 설립되었다. 미두와 마찬가지로 증권 거래도 한국인들에게 일확천금을 벌 수 있는 기회를 제공해 주었다.

또한 1920~30년대 한반도에는 황금광 시대라 불릴 만큼 금광 개발 열풍이 불었다. 광산에서 막노동을 하던 자들이 금광을 발견하고 벼락부자가 되기도 했다. 최창학, 방응모, 김태원, 방의석, 박용운 등 여러 사람들이 일확천금의 꿈을 이루었다. 소설《탁류》로 유명한 소설가 채만식은 당시 황금광 열풍을 소재로 삼은 소설《금의 열정》을 출간하기도 했다. 채만식도 금광 투자에 열심이었던 사람이었다.

일제가 미두 거래, 주식 거래, 금광 개발 등을 통해 일부 한국인이 벼락부자가 되도록 놔둔 것은 사람들에게 현실을 잊게 하는 마약 같은 효과를 주기 위함이었다. 이를 통해 식민 통치의 부당함에 대한 불만을 잠재우려는 목적이 있었다. 한탕주의의 만연은 일제가 한국인에게 뿌려 놓은 새로운 의식 문화였다. 근대화, 식민화는 한국인의 의식까지도 변화시켰던 것이다. 미두취인소터 앞에서 발걸음이 쉬이 떨어지지 않았다.

2장

관련 연표

한국사		세계사	
연도	중요 사건	연도	중요 사건
1882	임오군란	1879	일본, 류큐 왕국 병합
1884	갑신정변	1884	청-프랑스 전쟁(프랑스 승)
1894	갑오농민전쟁, 갑오개혁	1898	청나라 변법자강운동
1895	을미개혁, 을미사변, 을미의병	1896	제1회 아테네 올림픽 개최
1897	대한제국 수립, 광무개혁	1902	영국-일본 동맹 체결

조선 근대화의 현장: 북촌, 정동

- 조선의 근대화는 안팎에서 부는 바람에 영향을 받았다. 근대화를 위한 조선의 내적 노력은 개화파 인물들이 주도했다. 박규수 문하에서 성장한 그들의 활동 무대가 북촌이다.
- 서양 각국과의 조약 체결로 인해 도성 내에 외국인이 거주하게 되었다. 밖에서 불어온 바람의 현장은 정동이다.
- 북촌과 정동은 한국 근대사의 주요 사건인 임오군란, 갑신정변, 아관파천이 일어난 곳이다. 이곳을 답사하며 근대화를 향한 노력과 실패의 원인을 알아본다.

1

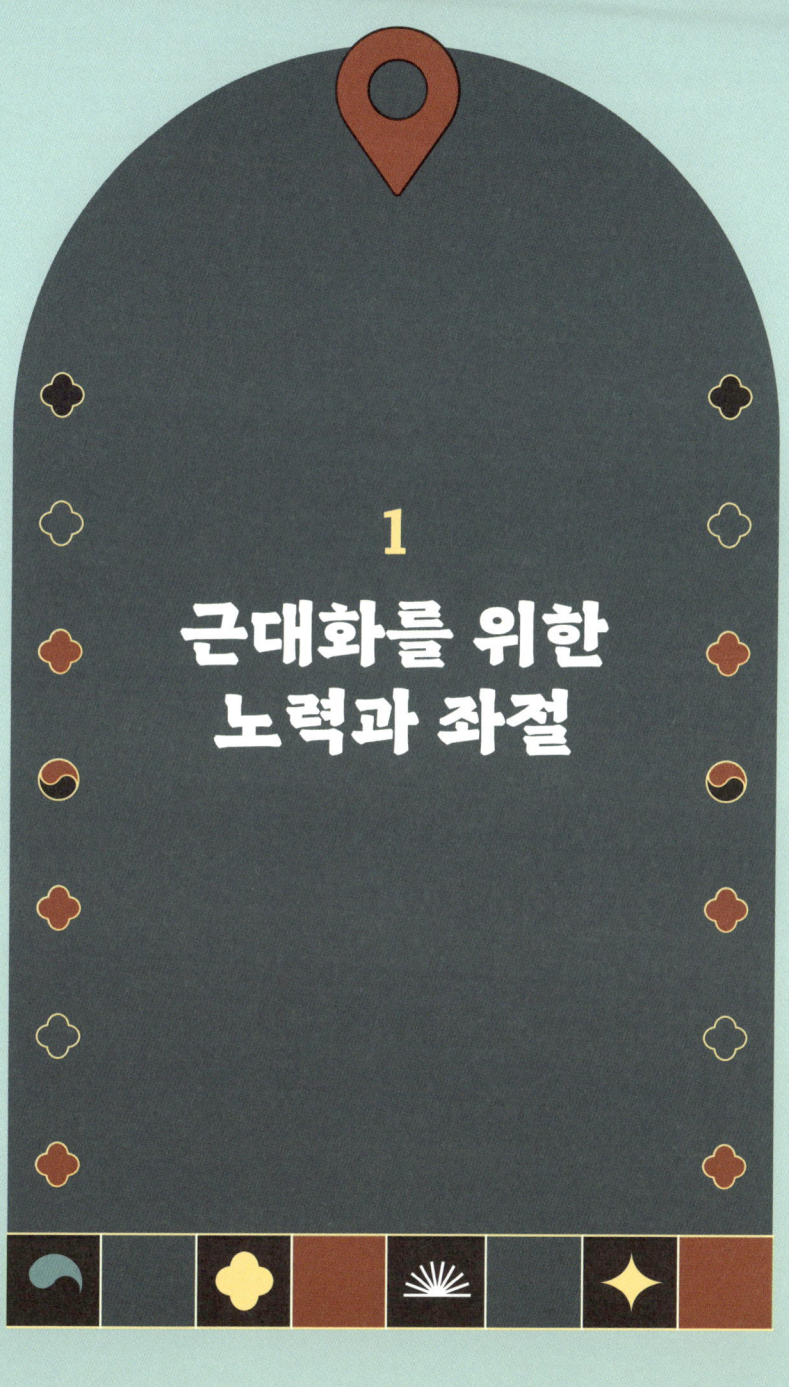

근대화를 위한 노력과 좌절

답사 코스

신무문
맹현
건청궁
서재필 집
창경궁
대조전
김옥균 집
홍영식 집
경복궁
경우궁
서광범 집
박규수 집
계동궁
성정각
운현궁
안국역
3 일본공사관
종묘
광화문
우정국
박영효 집

삼일천하 갑신정변의 현장: 북촌과 창덕궁

경복궁과 창덕궁 사이에 위치한 지역을 일컫는 북촌은 조선 시대에도 부촌이었다. 궁궐과 가깝고 양지바른 곳이라 명문대가들이 모여 살았다. 풍수지리는 잘 몰라도 이곳이 사람 살기 좋은 곳이라는 것만큼은 누구나 알 수 있을 것 같다. 북촌은 2000년대 이후 서울의 대표 관광지로 떠오르며 늘 사람들로 북적인다.

지하철 3호선 안국역에서 내려 2번 출구로 나와 북쪽으로 조금만 걸으면 헌법재판소가 있다. 헌법재판소 한편에 있는 수령 300년쯤 된 백송이 이곳이 오랜 역사를 간직한 곳임을 말해 준다. 이 터에는 박규수, 이상재, 최린 등이 살았고 제중원, 경기여고, 창덕여고 등이 있었다. 150년 전 북촌의 젊은 양반들이 이곳으로 모여들었다. 대학자인 박규수1807~1877의 가르침을 받기 위해서였다.

박규수는 1장에서 소개한 신미양요의 원인이었던 1866년 제너럴셔먼호 사건 당시 평양감사였다. 그는 사신으로 청나라에 갔을 때 서양의 무력이 청나라를 압도하고 있음을 알게 된다. 그것을 보고 조선이 부유하고 강해지기 위해서는 서양과 통상을 하고 그들의 기술을 받아들여야 한다고 생각했다. 그는 역관 오경석,

한의사 유홍기 등과 친분을 맺으며 개화사상을 널리 알렸다.

대제학과 우의정을 역임했던 박규수는 자신의 사랑방에서 김옥균, 홍영식, 서광범, 서재필, 박영교, 박영효, 유길준, 김홍집, 김윤식, 어윤중, 이상재 등을 가르쳤다. 이들은 박규수로부터 개화의 필요성과 조선이 변해야 한다는 것을 배웠다. 서울역사박물관 2전시실에는 박규수와 김옥균, 박영효 등이 함께 세상의 변화를 이야기하는 모습을 재현한 전시물이 있다. 박물관이 아닌 실제 현장에서 150년 전 박규수 집 사랑방의 모습을 상상하니 당시 젊은 이들이 어떤 생각으로 그에게 가르침을 받았는지를 알 것만 같다.

청나라가 서양 세력에게 굴복한 것을 알게 된 그들은 조선의 생존을 위한 진지한 고민을 했다. 당시 조선 사람들에게 세계란 중국 중심의 동아시아에 불과했다. 그런데 개화사상은 동아시아를 넘어 전 세계에 문을 열고 서양 문물을 도입하자는 것을 의미했다. 1876년, 조선은 마침내 세상을 향해 문호를 개방했다. 내부에서도 개항이 필요하다는 사람들이 있었기 때문이다. 조선은 1876년부터 1882년까지 수신사를 일본에 4차례 파견했고, 1881년에는 영선사를 청나라에 보내 근대 기술을 배워 오고자 했다. 또 1883년에는 신문물을 시찰하기 위해 보빙사를 미국에 파견하기도 했다. 조선이 변화하고 있었다.

박규수의 집터 주변에 있는 홍영식, 김옥균, 서재필, 서광범 등의 집터를 돌아보고 운현궁으로 가 본다. 운현궁은 박규수의 집과 불과 200미터 떨어져 있는데, 고종의 아버지로 왕이 되지 못한 흥선대원군 이하응1821~1898의 집이다. 1852년에 이곳에서 고종이 태어나고 이하응이 대원군이 되기 전까지는 한적한 집에 불과했다. 1863년 12월 13일에 고종이 왕으로 즉위하자 운현궁에 대대적인 증축이 이루어졌다. 이후 10년간 대원군은 왕의 아버지로서 최고의 권력을 누렸다. 이 시기 운현궁은 담장 길이만 몇 리에 달하고 웅장한 대문이 4개나 있는 왕궁과도 같았다고 한다.

대원군 사저인 운현궁. 한때는 왕궁에 버금가는 곳이었다.

1873년에 최익현의 상소로 대원군이 권좌에서 물러나고 고종이 직접 정치를 하면서 운현궁은 쇠락하기 시작했다. 지금 운현궁에는 사랑채인 노안당, 안채인 노락당, 별당채인 이로당, 유물전시관, 수직사와 4개 대문 가운데 후문으로 사용되던 문만이 남아 있다. 노안당에서 대원군의 삶을 생각해 보았다. 대원군 이하응은 자신이 왕이 되지 못하고 어린 아들을 왕위에 앉힌 것을 후회했을 듯하다. 그런데 권좌에서 물러났던 대원군에게 다시 권력이 주어지는 시간이 있었다.

1882년 6월 9일, 임오군란을 일으킨 군인들이 운현궁으로 몰려갔다. 민씨 왕후와 외척의 부패, 구식 군인의 차별 대우에 불만을 품은 군인들이 대원군에게 자신들을 지지해 줄 것을 부탁했다. 대원군의 지원을 받은 군인들은 백성들과 합세해 민씨 일파를 처단하려 궁궐로 진격했다. 구식 군인을 차별한 사건의 원흉인 민겸호를 죽이고 민씨 왕후를 처단하고자 했다. 민씨 왕후는 겨우 목숨을 건져 충주로 피신했다. 고종은 사태 수습을 위해 백성들의 지지를 받은 흥선대원군을 섭정으로 삼으면서 흥선대원군은 다시 권력을 쥘 수 있었다. 이는 대중의 지지가 있었기에 가능했다. 임오군란은 국내 정변으로 끝날 수 있는 사건이었다. 그런데 이 사건 처리 과정에서 청나라가 개입했다. 청군이 7월에 대원군을 납치하고 임오군란을 진압한 것이다.

나는 운현궁에 서서 대원군이 청나라에 납치된 사건을 떠올려 보았다. 권력은 부자지간이라도 나눌 수 없는 것이라고 하지만, 고종은 아버지가 납치되었는데 청나라에 한 번도 항의조차 하지 않았다. 권력이란 최소한의 인간적인 도리마저 버리게 만드는 비정한 것임을 새삼 느낀다.

임오군란 진압으로 고종과 민씨 왕후가 권력을 되찾았지만 청나라가 이때부터 군대를 주둔시키며 조선의 내정과 외교에 적극 간섭하기 시작했다. 조선 근대화에 청나라가 걸림돌이 된 것이다. 김옥균을 비롯한 개화파 청년들은 청나라의 간섭을 몰아내야만 조선이 개혁을 하여 발전할 수 있다고 생각했다. 하지만 청군을 몰아낼 힘이 없었다. 김옥균, 홍영식, 박영교, 서광범 등은 일본의 지원을 받기로 했다.

1884년, 베트남에서 청나라와 프랑스 사이에 전쟁이 벌어지자 조선 주둔 청군 3천 명 가운데 절반이 베트남으로 이동했다. 이를 기회로 삼아 김옥균은 10월 17일에 청나라에 의존하는 민씨 일파를 몰아내는 갑신정변을 일으켰다. 조계사터에 위치한 우정국 낙성식에서 정변을 일으켜 민씨 일파 가운데 일부를 처형하고 궁궐로 달려가 권력을 장악했다. 개화파가 내세운 14개 정책에는 신분제 타파, 능력에 따른 인재 등용, 인민 평등권 확립, 청나라의 간섭 배제 등의 정책이 포함되었다. 그런데 갑신정변의 주역들은

갑신정변이 일어난 우정국

다름 아닌 북촌의 양반 자제들로, 대중들의 마음을 얻는 데 실패했다. 대중들은 개화파가 일본과 힘을 합친 것을 좋게 보지 않았다. 개화파는 권력 장악에 필요한 병력이 부족했다.

반면 민씨 일파는 청나라에게 도움을 요청했다. 김옥균은 고종과 민비를 경우궁으로 피신시켰지만, 고종과 민비가 거듭 요청하여 창덕궁으로 거처를 옮긴 상태였다. 넓은 궁궐을 방어하기에는 개화파의 힘이 부족해 정변을 일으킨 지 3일 만에 임오군란과 마찬가지로 청군의 개입으로 실패하고 말았다. 이후 조선은 더욱 심하게 청나라의 간섭을 받게 되었다.

갑신정변의 실패는 조선의 근대화에 필요한 소중한 시간들을 낭비하는 결과를 낳았다. 정변에 실패한 김옥균, 박영효, 서광범, 서재필 등은 일본으로 망명했고 홍영식, 박영교 등은 청군에게 죽었다. 뿐만 아니라 그들의 가족들도 자결하거나 감옥에 갇혀 옥사했다.

이후 김옥균과 서재필 집터는 경기고등학교와 정독도서관으로 바뀌었다. 박규수와 홍영식 집터에는 제중원, 경기여고, 창덕여고, 헌법재판소가 들어섰다. 서광범의 집은 덕성여자고등학교로 바뀌었다. 비록 개화 세력은 몰락했지만 그들의 집터에 교육 기관이 들어서면서 북촌을 교육의 중심지로 탈바꿈시켜 새로운 시대에 주목받게 된다. 뒷장에서 북촌이 역사 무대에서 주목받을 때 다시 찾기로 하고, 우선은 북촌의 서쪽 맹현을 넘어 을미사변의 현장인 경복궁 내 건청궁으로 가 본다.

김옥균의 집터에는 현재 정독도서관이 들어섰다.

을미사변의 현장: 경복궁 내 건청궁

경복궁의 정문인 광화문으로 들어와 북쪽으로 한참 걸으면 건청궁을 만날 수 있다. 또 다른 길은 청와대 앞에 위치한 경복궁 북쪽 문인 신무문을 통해 궁 안으로 들어와 바로 건청궁으로 이어지는 길이다. 건청궁은 고종이 흥선대원군 몰래 자신을 위해 지은 궁궐 내 궁궐이다. 1895년에 을미사변이 일어난 비극의 현장이기도 하다. 그런데 경복궁에서 일어난 비극은 이뿐만이 아니었다.

을미사변 발생 1년 전인 1894년에 동학농민군이 전라도 일대를 장악하자 고종과 민씨 일파는 이를 제압하기 위해 청나라에게 세 번째 원군을 요청했는데, 이때 일본군도 조선에 들어왔다. 일본군은 1894년 6월 21일에 도성을 지키던 조선군을 몇 시간 만에 제압해 경복궁을 점령하고 고종을 사로잡았다. 명백한 일본의 침략 전쟁이었다. 이 사건을 갑오왜란이라고 한다. 일본은 청나라군을 선제공격해 청일전쟁도 일으켰다.

갑오왜란 이후, 일본의 지시를 받는 친일 내각이 조선에 들어섰다. 그러자 동학농민군도 일본군을 몰아내기 위해 2차 봉기를 일으켰다. 하지만 동학농민군은 우금치 전투 등에서 패하여 지도자 전봉준 등이 사로잡혀 죽었다. 조선을 장악한 일본은 청일전쟁에서 승리하여 청나라로부터 요동반도 등을 빼앗았지만, 러시아가 프랑스, 독일과 함께 간섭하여 요동반도를 청나라에 돌려주게 만든다. 이 사건을 통해 러시아가 일본보다 강하다고 생각한 조선은 급격히 러시아와 친해지려 했다. 러시아와 밀착하려는 조선 정치 세력의 핵심은 민씨 왕비였다. 일본은 조선을 무력으로 집어삼키기 직전에 러시아의 방해를 받은 셈이다. 당장 러시아와 전쟁할 힘이 없었던 일본은 조선에 친러 정권이 생기는 것만큼은 막으려 했다. 마침내 일본은 1895년 8월 20일, 경복궁 내 건청궁 옥호루에서 민씨 왕비를 죽이는 을미사변을 일으켰다. 을미사변 이후 경복궁에는 친일 내각이 장악한 병력이, 광화문 앞에는 일본군이 자리를 잡고 고종을 감시했다. 전국에서 을미의병이 일어나 일본군을 몰아내려고 했지만 고종은 일본군의 위협을 받아 의병에게 해산하라는 명령을 내리고 만다.

친일파의 후손인 어느 정치인의 "조선은 일본과 싸워 보지 않고 일본의 식민지가 되었다"는 발언은 틀렸다. 갑오왜란과 을미사변은 일본의 침략 전쟁이었고, 조선은 싸웠으나 허무하게 패했을 뿐이다. 근대화에 실패하여 식민지가 된 것도 어느 정도 맞는

민씨 왕비가 일본 낭인에게 살해된 옥호루

말이지만 일본의 무력 침략이 주된 원인이다.

옥호루에 앉아 민씨 왕비를 떠올렸다. 일본의 만행에는 분노하지만, 그녀가 불쌍하다고 생각되지는 않았다. 청나라를 끌어들여서라도 권력을 유지하기에 급급했던 그녀가 우리 역사에 저지른 죄가 너무 크기 때문이다.

세계를 향해 문을 연 조선: 정동의 각국 공사관

정동은 덕수궁 돌담길로 유명하다. 한때 정동은 젊은이들의 낭만이 넘치는 곳이었다. 대학 시절 이곳을 방문했던 추억을 생각하며 정동길을 걸었다.

덕수궁 옆에 있는 고풍스런 외양의 영국대사관을 보고 경비가 삼엄한 미국대사관저를 지나 러시아공사관의 흔적이 남은 정동공원에 도착했다. 19세기 말 정동에는 영국과 미국, 러시아 3국의 공사관 외에도 서울시립미술관터에 독일공사관이, 창덕여자중학교 자리에는 프랑스공사관이 있었다. 1901년 당시 서소문로 대한항공빌딩 자리에는 이탈리아공사관이 자리해 있었다.

조선은 1882년에 조미수호통상조약이 체결된 이후 서양과 정식으로 교류를 시작했고, 1883년 외국인의 도성 내 거주가 허락되면서 서양인들이 서울에 살기 시작했다. 이때 그들이 정착한 곳이 정동이다. 2018년 방영되어 큰 인기를 얻은 드라마 <미스터 션샤인>의 주된 배경 역시 정동이었다. 미국영사관, 서양식 호텔 그리고 고종이 머문 경운궁이 있는 정동에 공사관 직원, 선교사, 상인, 군인, 여행객까지 저마다 다른 목적을 가지고 찾아왔다.

140년 전의 정동을 떠올려 보았다. 당시 조선 사람들은 현대인들보다 키가 작았다. 키 크고 코도 큰, 자신들과 다른 의복을 입은 서양인을 무척이나 신기하게 보았을 것이다. 극소수에 불과했던 서양인들은 한 지역에 모여 사는 것이 안전하다고 생각했고 조선의 입장 역시 그러했다. 그래서 선택된 곳이 정동이다. 1883년 5월에 미국공사관을 시작으로 영국, 독일, 러시아, 프랑스, 이탈리아공사관이 도성 안 정동 일대에 지어졌다. 한양도성에는 8곳에 성문이 있는데 그중에서 정동 서북쪽에 서대문돈의문이 있고 서쪽에는 서소문소의문이, 남쪽으로는 남대문숭례문이 가까이 있다. 한강 포구, 더 멀게는 제물포 개항장과 연결되는 3개 성문과 가까운 정동 지역은 도성 안에서 밖으로 출입하기에 가장 편했다. 게다가 서양인이 좋아하는 약간 높은 고지대로 전망도 좋았다. 러시아공사관, 영국영사관 등은 작은 언덕 위에 세워졌다.

정동 한복판 로터리에는 감리교 교회인 정동제일교회가 있다.

로터리에서 덕수궁길을 따라 북쪽으로 걸어가면 구세군 교회인 서울제일교회가 있고, 영국대사관 앞에는 성공회 성당인 장림성당서울주교좌성당이 있다. 새문안교회는 원 위치에서 이전하여 큰 건물을 지었지만, 여전히 정동과 가까운 새문안로에 있다. 서양인과 함께 들어온 기독교 전파의 중심지가 정동이었던 셈이다. 새문안교회를 설립한 언더우드 선교사는 정동에 고아원을 세우고 학생들을 가르쳤다. 언더우드 고아원에서 성장한 이들 가운데 훗날 파리강화회의에 한국 대표로 참석했으며 대한민국 임시정부 부주석을 지낸 김규식이 있다. 만약 언더우드를 만나지 못했다면 독립운동가이자 민족지도자였던 김규식은 없었을지도 모른다. 언더우드 고아원은 구세학당경신학교으로 발전했고 이곳에서 안창호가 공부를 했다.

서울시립미술관 덕수궁길 쪽 입구에는 육영공원터, 독일영사관터, 독립신문사터라는 표석이 있다. 서울시립미술관 주변의 넓은 공원이 한때 이황, 김장생 등 조선을 대표하는 유학자가 살았던 곳이라는 표석도 있다. 이곳에는 배재학당배재고등학교, 대법원과 등기소가 있었고 현재는 서울시청 서소문청사와 서울시립미술관 등이 자리하고 있다. 덕수궁 남쪽의 넓은 공원에 이처럼 많은 역사가 있었다는 것이 놀랍다.

육영공원은 1886년에 설립된 한국 최초의 근대식 관립 교육 기관이다. 수업을 영어로 진행했고 외국어, 수학, 자연 과학, 역사, 정치학, 국제법, 정치학 등 신학문을 가르쳤다. 육영공원 교사로 근무했던 헐버트는 한글 연구에 기여하고 조선 독립 활동에 많은 도움을 주기도 했다. 1885년 정동에 세워진 배재학당은 원산학사1883에 이어 두 번째로 세워진 근대식 중등 교육 기관이다. 또한 정동에는 1886년에 설립된 한국 최초의 여성 교육 기관인 이화학당이 있다. 이들 학교에서 신학문, 신문물이 전파되었다. 정동길을 걷는 것만으로도 조선 사람들은 서양 문물과 기독교, 영어를 보고 배울 수 있었다. 서양식 호텔인 손탁호텔에서 커피도 마실 수 있었다. 고궁과 카페가 있고, 산책하기 좋은 길이 있어 많은 사람이 찾는 이곳이야말로 한때는 조선 사람들의 별천지였다.

북촌에서 시작된 개혁의 바람은 실패로 돌아갔다. 하지만 외국인이 가져온 변화의 바람은 정동을 중심으로 조선 사람들에게 신선한 자극이 되었다. 늦었지만 조선도 시대 변화의 바람을 맞이하고 있었다.

2

대한제국의 흔적

답사 코스

러시아
공사관
고종의 길
영국공사관
미국
공사관
석조전
중명전
석어당
정관헌
프랑스
공사관
함녕전
덕수궁
(경운궁)
1
시청역
황궁우
손탁호텔
이화학당
원단
육영공원
배재학당
시청역
2

아관파천의 현장: 러시아공사관

을미사변 이후 고종은 일본에 의해 경복궁 안에 갇혀 있었다. 고종을 구하려는 시도와 고종 스스로 탈출하려는 시도가 몇 차례 이루어졌다. 그러다가 마침내 1896년 2월 11일, 궁녀들이 타는 가마를 이용해 경복궁을 빠져나온 고종이 러시아공사관으로 피신하는 아관파천이 발생했다. 아관파천으로 인해 친일 내각이 붕괴되고 조선에 친러 정권이 들어섰다.

이화여고 맞은편 정동공원에 가면 언덕 위에 우뚝 솟은 탑이 있다. 러시아공사관의 흔적이다. 덕수궁과 경희궁을 내려다 볼 수 있는 작은 언덕 위에 위치해 있었다. 나는 경복궁 신무문에서 러시아 공사관까지 40분을 걸어 보았다. 궁녀들이 타는 좁은 가마에 앉아 일본군에게 들킬까 봐 두려워했을 고종의 모습을 떠올리며 걸으니, 역사의 아픔이 저절로 느껴졌다.

정동공원에 남은 러시아공사관의 흔적

러시아는 고종을 보호하는 대가로 조선에서 엄청난 이권을 챙기기 시작했다. 금광 채굴권, 석탄 채굴권, 압록강과 두만강 지역 및 울릉도의 삼림 벌채권 등 많은 이권을 조선으로부터 넘겨받았다. 러시아 역시 조선을 지켜 주는 나라가 아니었다. 조선에서 이익을 챙기려는 침략자일 뿐이었다. 냉혹한 국제 관계에서 조선은 너무나 순진했다. 신하들과 백성들은 고종에게 궁궐로 돌아오라고 요구했지만 고종은 일본군이 무서워 경복궁으로 돌아갈 수가 없었다. 그래서 고종이 생각한 곳이 러시아공사관과 가까운 경운궁이었다. 1897년 2월 20일, 고종은 경운궁덕수궁으로 몸을 옮기기로 결정했다.

덕수궁 석어당. 덕수궁에서 가장 역사가 오래된 건물이다.

2016년 아관파천 120주년을 맞이해, 서울시는 러시아공사관에서 덕수궁에 이르는 길을 정비했고, 2018년 10월 30일부터 일반에 정식으로 개방해 '고종의 길', 영어로는 'King's Road'라고 이름을 붙였다. 나는 길이 120미터에 이르는 이 길을 걸으면서 서울시가 굳이 'King's Road'로 소개하려는 이유에 공감하기 어려웠다. 러시아공사관에서 미국공사관 뒤를 통해 덕수궁에 도달하는 길은 큰 길이 아닌 좁은 골목길으로, 떳떳한 길이 아닌 숨겨진 길이다. 힘이 부족해 자국의 수도 한복판에서 외국군의 위협을 피해야 했고, 또 다른 외국의 힘을 빌려야만 겨우 안전을 보장할 수 있었던 고종이 지나간 이 길을 '왕의 길'이라고 외국인들에게 소개하기가 난감했다. 물론 고난의 역사를 가진 우리가 과거의 어두운 그림자를 걷어 내고 이렇게 발전했다고 말하는 것은 의미가 있다. 부끄러운 역사도 우리가 기억해야 할 역사이기 때문이다. 하지만 'King's Road'라는 명칭은 도리어 우리 역사를 이해하는 데 방해가 되는 것 같다. 차라리 '고난의 길'로 부르는 편이 낫겠다는 생각이 든다.

고종이 일본을 피해 러시아공사관에 머물기 시작한 1896년 2월부터 조선 정치의 중심은 도성 안에서 서남쪽으로 크게 치우친 정동 지역이 되었다. 전형적인 서양식 건축물인 러시아공사관에서 고종은 1년간 생활했다. 이 기간 동안 고종은 서양의 의식주

정관헌은 고종이 커피를 마시는 등 서양 문물을 즐기던 서양식 건물이다.

문화를 접하고 세계와 소통하는 시간을 가졌다. 서양인들이 좋아하는 커피를 즐겨 마셨고, 머리를 자르고 양복 차림으로 서양식 건축물에서 생활하는 것을 즐기기 시작했다. 1년의 시간 동안 고종은 많이 달라졌다. 하지만 조선이 산업화, 근대화, 자주화를 이루기 위한 시간은 외세의 압박으로 인해 독립을 유지할 수 있는 시간보다 길지 못했다.

허울뿐인 황제: 환구단

1896년 7월에 안경수, 서재필, 이상재 등 정동파라 불리는 인물들이 주도하여 설립한 독립협회는 그해 11월 의주대로 한가운데서 있던 영은문을 헐고 독립문을 세웠다. 프랑스의 개선문을 본뜬 독립문은 조선의 자주 독립을 상징하는 기념물이다. 독립협회는 청의 간섭을 배제하고 조선이 완전한 자주 독립 국가로 당당히 세계에 나서야 한다고 주장했다. 독립협회는 사회 개혁, 계몽운동을 펼치며 조선의 변화에 앞장섰다.

왕이 자신의 궁궐을 버리고 남의 나라 공사관에 머문다는 것은 나라를 다스릴 자격이 없음을 실토하는 셈이다. 고종이 러시아공사관에 머문 1년은 한국사에서 부끄러운 시간이라며 독립협회는 고종에게 환궁할 것을 호소했다. 결국 고종은 1897년 2월에 경운궁으로 환궁했다. 왕의 권위가 실추된 고종은 독립협회 등의 지지를 바탕으로 다시 왕권을 강화하려고 했다. 독립협회가 주장한 조선의 자주독립 주장에 힘입어 1897년 10월 12일에 환구단에서 천제를 올린 후에 국호를 대한제국으로 고치고, 스스로 황제라 일컬으며 즉위했다. 환구단에서 벌어진 황제 즉위식은 거창하게 진행되었다. 조선 초기까지 천신에게 제사를 지냈지만 명-청의 간섭으로 수백 년간 환구단에서 제사를 지내지 못했다. 그래서 고종이 청의 간섭에서 벗어나 당당하게 하늘에 제사를 올렸다는 것은 곧 대한제국이 탄생했다는 뜻이었다. 제국이 되었다는 의미는 조선이 자주독립국가임을 선언하는 셈이다.

다만 조선에서 대한제국으로의 변화는 단순히 국호만 바뀐 것일 뿐, 실질적으로 국제적 위상에 변화를 가져오지는 못했다. 그래서 허울뿐인 대한제국이라는 평가를 받기도 한다. 고종이 황제가 되면서 각종 궁중 의례만 번잡해졌을 뿐 실익은 거의 없었다. 대한제국은 러시아와 일본의 세력 균형 속에 간신히 독립을 유지하는 약소국이었을 뿐이다. 그럼에도 조선이 당당한 자주국임을 선언했던 환구단은 우리 겨레의 자존심을 되살려 주는 장소로서 큰 의미를 가진다. 서울시청 광장에서 덕수궁과 반대쪽인 동쪽을 보면, 기와를 올린 문을 볼 수 있다. 환구단 정문이다. 문 뒤쪽에 있는 계단을 오르면 목탑처럼 생긴 황궁우가 보인다. 환구단에서 제사 지내는 신들의 신위를 모신 건물이다. 또 돌로 만든 북인 석고도 남아 있다. 황궁우의 정문이자 환구단과의 연결 통로인 벽돌로 된 삼문을 통과했다. 그런데 고종이 천신에게 제사를 지낸 공간인 원단이 보이지 않는다.

여러 신들의 신주를 모신 황궁우

용 문양을 새긴 석고. 황제의 권위를 상징하는 건물로, 환구단 내에 있다.

1913년에 일제가 환구단의 핵심이자 하늘에 제사를 지냈던 공간인 원단을 파괴하고 그 자리에 철도호텔을 세웠기 때문이다. 철도호텔은 오늘날 최고급 호텔인 조선호텔의 전신이다. 일제는 원단을 파괴하고 의도적으로 황궁우 등은 남겨 호텔 후원의 장식물로 전락시켜 버렸다. 대한제국 황제가 즉위했던 환구단을 한없이 초라하게 만들어 한국인의 자존심을 깔아뭉갰다. 너희는 국가를 가질 자격도, 하늘에 제사를 지낼 자격도 없다고 조소를 날린 것이다.

원단터에 자리 잡은 웨스틴조선호텔

해방이 되고 1967년에 조선호텔은 재건축을 통해 20층 건물로 다시 문을 열었다. 이때 환구단이 복원되지 못한 것이 너무나 안타깝다. 대한민국 정부는 1993년 조선총독부 건물 해체를 결정하여 1996년에 완전히 철거하고 경복궁의 복원 공사를 지속하고 있다. 하지만 환구단은 여전히 복원이 되지 않았다.

불타 버린 황궁, 꺼져 가는 대한제국의 운명: 경운궁

황제로 즉위한 고종은 대한제국 선포와 함께 자주적인 개혁을 추진하기 시작했다. 토지를 재조사하는 양전 사업을 실시하고 농민들에게 근대적 토지 소유 증명서인 지계를 발급하는 등 경제 부분에서 중요한 개혁 사업을 진행했다. 근대적 공장과 시설의 설립을 지원하고 전화, 전차, 철도 등 교통과 통신 시설을 확충하기 시작했다. 상공학교를 비롯한 다수의 관립학교를 설립하고, 근대 산업 기술 습득을 위해 외국에 유학생을 파견하기도 했다. 또한 1899년 9월에 청나라와 대등한 관계에서 근대 조약인 한청통상조약을 체결하기도 했다. 청나라의 간섭으로 좌절되었던 근대적 개혁이 다시 시작되었다.

1899년 대한제국은 오늘날 헌법에 해당되는 '대한국 국제'를 반포했다. 그런데 이 법은 겨우 시작된 대한제국의 근대화에 반하는 법이었다. 고종은 입헌 군주제를 지향한 독립협회를 탄압해 강제 해산시키고 황제가 군대통수권, 입법권, 행정권 등 모든 권한을 가진 전제군주제를 실시했다. 또한 국가 재정보다 황실의 재정을 강화하는 노력을 기울여 자신의 권위를 높이고 사치를 부리는 일에 국가의 세금을 사용했다. 고종은 대한제국의 미래에 대한 관심보다 왕실의 안녕을 더 중요하게 여겼다. 고종의 개혁을 '광무개혁'이라고 하지만, 실패가 뻔한 것이었다. 자주독립을 위한 군사력 증강에는 아무런 대책도 없이 황제권 강화에만 초점을 둔 시대에 뒤처진 개혁이었다. 고종은 가난한 대한제국의 경제를 살리기 위해 산업을 증진시켜야 함에도, 세금을 황궁을 증축하는 데 사용했다. 석어당과 즉조당 두 건물만 있던 경운궁에 중화전, 함녕전을 비롯해 여러 건물들이 지어졌다. 정관헌, 돈덕전, 석조전, 중명전 등 서양식 건물도 들어섰다.

1900년부터 짓기 시작해 1910년에 겨우 완공된 석조전 앞에서 누군가 해설을 한다. 유럽의 거대 궁전 건물을 연상시키는 석

덕수궁(경운궁) 석조전

조전의 실내 양식은 로코코 양식이고 외관의 기둥은 이오니아 양식을 차용한 것이라고 설명한다. 하지만 그런 설명이 공허하게 느껴졌다. 10년간 석조전 건축과 건물 안에서 사용하는 가구나 전등, 식기 등의 구매에 들어간 어마어마한 돈을 조선의 부국강병을 위해 썼다면 하는 아쉬움이 컸기 때문이다. 고종이 황제의 권위를 과시하기 위해 사치를 부리는 동안 조선의 근대화, 산업화를 위한 시간들은 계속 무의미하게 흘러갔다.

대한제국은 자주독립국가로서 외세의 간섭을 막을 힘이 없었다. 당시 일본은 러시아의 견제 때문에 대한제국을 무력으로 점령하지 못하고 있었다. 러시아가 만주를 넘어 한반도까지 세력을 확대하기 위해 시베리아 철도 건설을 진행하자 1902년에 영국이 러시아를 견제하기 위해 일본과 동맹을 체결했다. 영국의 지원을 받은 일본은 1904년 러일전쟁을 일으켰다. 그러고는 일본은 1904년 2월에 한일의정서를 강요하여 러시아와 전쟁 수행에 필요한 한반도 내 군사 기지 사용권까지 획득했다.

그해 4월, 경운궁 함녕전에서 갑자기 불길이 치솟았다. 많은 건축비를 들여 만든 전각 대부분이 불타 버렸다. 궁궐 대부분이 불탔음에도 고종은 경복궁이나 창덕궁으로 가지 않고 미국 공사관 옆에 있는 수옥헌중명전에서 머물면서 다시 경운궁 복구 작업을 진행했다. 목조 건축물로 지어진 조선의 궁궐은 화재에 매우

을사늑약이 체결된 중명전

취약했고, 조선 시대 내내 화재가 잦았다. 이 화재는 결과적으로 대한제국의 멸망을 촉진했다. 대한제국 황실의 권위를 드높이기 위해 1905년에 즉조당, 석어당, 경효전, 함녕전 등 다수의 전각을 중건했지만, 정작 대한제국의 자주성은 되찾지 못했다. 1904년 8월 한일협약, 1905년 11월 을사늑약, 1907년 7월 정미7조약을 체결해 대한제국의 국권을 조금씩 빼앗은 일본은 마침내 1910년 8월 29일에 대한제국의 국권을 완전히 빼앗고 말았다.

대한제국의 황궁 경운궁은 일제가 붙인 덕수궁이라는 이름으로 더 많이 알려져 있다. 나는 덕수궁에서 망해 버린 대한제국의 쓸쓸한 뒷모습을 보았다.

3장

관련 연표

한국사		세계사	
연도	중요 사건	연도	중요 사건
1905	을사늑약 체결	1904	러일전쟁(일본 승)
1910	한국합병조약 체결	1914	제1차 세계 대전(~1918) 발발
1921	김익상 의사 조선총독부 폭탄 투척	1917	러시아 공산혁명
1926	나석주 의사 동양척식주식회사 폭탄 투척, 6·10만세운동	1931	만주사변, 만주국(1932) 성립
1939	국민 징용령	1941	태평양전쟁 발발

일제 침략의 현장:
남산, 명동, 남대문

- 이 땅이 일제의 식민지가 된 8월 29일 국치일에 식민 통치의 흔적이 남아 있는 남산 국치길을 걸어 보며 아픈 역사를 재현하지 않으려는 마음을 가져 본다.
- 왜 일본인은 남산에 밀집해 있었는지, 일제강점기의 치욕이 어떻게 시작되었는지, 과거의 부끄러운 역사를 왜 기억해야 하는지를 생각해 보자.
- 일제강점기 경성의 남촌은 은행, 백화점, 호텔 등이 밀집한 최고의 번화가였다. 당시의 경제 변화와 남촌의 번화가 누구를 위한 것인지를 생각해 본다.

1

국치길을 걷다

답사 코스

충무로역
진고개
명동역
정무총감관저
일본공사관
한국통감관저
기억의 터
미쿠니아파트
회현역
헌병대
사령부
조선총독부
김익상 의거 터
취산아파트
노기신사
국치길
경성신사
한양공원
백범
광장
조선신궁

국치의 현장: 통감관저터

지하철 4호선 명동역 일대는 땅이 매우 질어서 통행이 불편하여 진고개라 불렸다. 이곳에 '남산골샌님'이 살았다. 남산골샌님은 남산 기슭에 사는 가난하면서도 세상 물정 모르며 자존심만 센 선비를 낮잡아 부르는 말이다. 조선 시대에 가난한 사람들이 살았던 진고개 일대는 현재 대한민국에서 가장 땅값이 비싼 곳이 되었다. 진고개의 놀라운 변화는 일본인이 진출하면서 시작된다.

일본인은 언제부터 서울에 살기 시작했을까? 명동역 1번 출구로 나와 남산예장공원을 지나 일본군 위안부 기억의 터로 걸어간다. 이곳에 일본인이 도성 안에 살게 된 계기를 만든 일본공사관이 있었다. 그전에는 녹천정이라는 정자가 있었는데, 영의정을 지낸 박영원이 1851년에 회갑을 맞이해 지은 것으로 아름다운 풍광으로 유명했다.

2010년, 서울시는 이곳에 녹천정 표석을 세우고자 했다. 하지만 녹천정에는 역사적 의미가 거의 없다. 그럼에도 서울시가 '녹천정터'라는 표석을 세우려고 한 것은 이곳에서 벌어진 아픈 역사를 감추려고 했기 때문이다. 그러자 한국과 일본 시민 단체에서 이곳이 경술국치의 현장임을 알리는 '통감관저터' 표석을 먼저 세웠다. 2010년 서울시 표석설치자문위원회는 "자랑스러운 역사가 아니며, 국민 정서상 반감을 가지는 경향이 강하므로 경술국치 표석 설치는 재고해야 한다"는 입장을 냈다. 그러자 민족문제연구소 임헌영 소장은 "나라를 빼앗긴 것은 부끄러운 일이지만 그 사실을 안타까워하지 않는 현실도 부끄럽다"고 말하며 서울시를 비판했다. 한때 우리는 자랑스러운 역사만을 가르치고 부끄러운 역사는 숨기려고 했다. 하지만 이제는 달라졌다. 2019년 서울시는 통감관저터에서 시작하는 '국치길'을 조성했다. 이곳에서 19세기 말로 잠시 시간을 돌려 조선이 겪었던 국치의 과정을 따라가 본다.

1880년, 일본은 조선에 외교 사절이 상주할 수 있는 공사관을 설치했다. 하지만 조선이 도성 안에 외국인을 거주하지 못하게 했기에 일본공사관은 도성에서 가까운 돈의문서대문 밖 천연동의 경기중군영터로 정해졌다. 현재 금화초등학교와 동명여자중학교가 있는 곳이다. 이후 1882년 7월, 신식 군인인 별기군과의 차별에 분노한 구식 군인들이 임오군란을 일으켰다. 그들은 일본공사관을 습격해 불을 질렀다. 일본은 이를 계기로 조선에 공사관 안전을 위한 병력을 주둔시킬 수 있다는 제물포 조약을 체결하고, 1개 대대 병력을 도성 안에 주둔시켰다. 그리고 남산에 있는 좌포도대장 이종승의 집을 빌려 임시 공사관으로 사용했다. 임오군란을 빌미로 일본인이 도성 안에 들어와 머물게 된 것이다.

1883년에 미국공사관이 도성 안쪽인 정동에 들어서자, 일본은 철종의 사위 박영효의 집이 있었던 관훈동 경인미술관 일대에 1884년 공사관을 세웠다. 도심 한복판이며 궁궐과도 가까운 곳에 공사관을 지어 조선에서 영향력을 키우려고 한 것이다. 일본공사관이 지어지고 한 달 후, 김옥균을 비롯한 급진개화파는 일본의 협조를 기대하고 갑신정변을 일으켰다. 하지만 갑신정변은 3일 천하로 끝났다. 일본공사관은 또 다시 성난 민중들에 의해 불타 버렸다.

1885년, 일본은 무력을 앞세워 조선에게 한성 조약을 강요하며 공사관 부지 및 건축비를 요구했다. 이때 남산 녹천정터에 일본공사관이 지어졌다. 1885년 조영통상조약 체결로 도성 안에 외국인의 거주가 허용되자 일본인들도 공사관 주변 남산에 모여 살기 시작했다. 일본인들은 자신들이 정착한 곳이 임진왜란 때 일본군이 주둔했던 곳이라며 왜성대倭城臺라고 불렀다. 본래 이곳은 무예를 연습하던 훈련장인 무예장이 있어 예장골이라고 불리던 곳이다. 지금의 예장동 일대다. 일본인이 거주하면서 남산 일대가 크게 변하기 시작했다.

1905년, 일본은 을사늑약 체결을 강요하여 대한제국의 외교, 국방 등 국가의 주요 기능을 빼앗았다. 그리고 1906년에 한국통감부를 설치해 이토 히로부미가 초대 통감으로 부임했다. 이때부터 왜성대 일본공사관이 한국통감부가 되었다. 1907년에 한국통감부 청사가 새로 완공된 후에는 통감관저로 사용되었다. 통감은 대한제국의 외교권을 지휘, 감독했다. 하지만 대한제국 황제의 권한을 통감이 완전히 빼앗을 수는 없어서, 각 부서에 일본인 고문을 두어 정부와 내각을 장악하는 수준에 그쳤다. 그런데 1907년 5월 22일에 통감 이토 히로부미가 박제순 내각을 해체하고 이완용을 참정대신으로 발탁하여 황제권에 제약을 두었다. 이어 7월 20일에 고종을 퇴위시키고, 7월 24일에는 정미7조약 체결을 강요하며 통감의 내정 관여를 공식화했다. 이때부터 일본인이 대한제국 각 부처의 차관으로 임명되어 실질적 권한을 행사하기 시작했다. 대한제국 군대가 해산되고, 통감부가 대한제국의 입법, 사법, 행정, 군사 등 모든 분야를 지휘하는 사실상의 최고 통치 기관이 되어 버렸다.

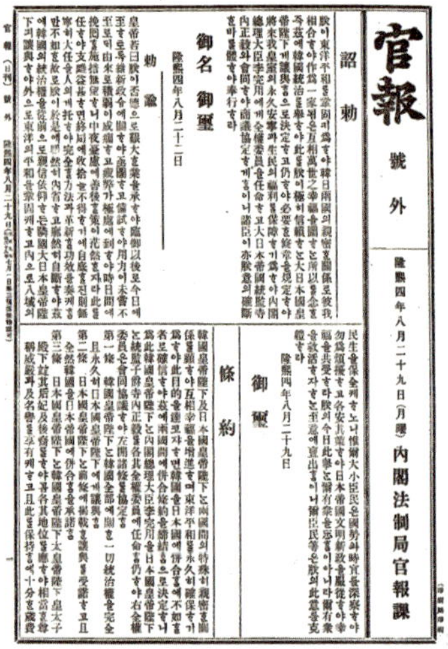
官報

號外

隆熙四年八月二十九日(月曜) 內閣法制局官報課

詔勅

御名 御璽

隆熙四年八月二十二日

勅諭

御璽

隆熙四年八月二十九日

條約

1910년 8월 29일에 발행된 관보에 실린 한일병합조약의 한국어 원문(출처: 위키피디아)

1910년 8월 22일, 통감관저에서 이완용과 테라우치 통감이 한일병합조약을 체결했다. 7일 후인 8월 29일에 대한제국은 멸망하고 이 땅은 일제의 식민지가 되었다. 이로써 통감관저는 국치의 현장이 되었기 때문에 여기서부터 국치길이 시작된다. 통감관저 동쪽 남산골공원 터에는 헌병대사령부와 경성이사청행정과 치안 담당이, 한국의 집 자리에는 정무총감조선총독부 2인자 관저가 만들어졌다. 남산은 일제 식민 통치의 심장부가 되었다. 한국통감관저는 1910년에 조선총독관저로, 1939년 이후로는 시정기념관으로 사용된다. 해방 후에는 국립민족박물관국립민속박물관의 첫 이름 등으로 사용되다가 1961년 이후 중앙정보부가 남산에 들어서면서 통감관저 건물은 사람들의 기억에서 잊혀졌다. 건물이 언제 헐렸는지도 알려져 있지 않다.

1900년에 주한 일본공사로 부임한 하야시 곤스케라는 자가 있다. 고종에게 을사늑약 체결을 겁박하는 등 일본의 조선 침략에 앞장선 그에게 일본은 남작 작위를 내리고 1936년 통감관저 앞에 동상을 세웠다. 2015년 서울시는 그의 동상 잔해를 모아

거꾸로 박힌 하야시 곤스케 비석

비석을 만들어 치욕을 잊지 말자는 의미에서 통감관저터에 거꾸로 세워 복원시켰다. 거꾸로 세운 동상의 의미를 일본인들도 한번쯤 생각해 보았으면 좋겠다. 그들에게 하야시 곤스케가 영웅일지 몰라도, 한국인에게는 그 반대라는 것을.

이듬해인 2016년, 이곳에 위안부를 기억하는 '기억의 터'가 만들어졌다. 기억의 터 기념비에는 "우리가 가장 두려워하는 것은 우리의 이 아픈 역사가 잊혀지는 것입니다"라고 쓰여 있다. 위안부 사건이 있었다는 사실보다 훨씬 더 중요한 것은 우리가 왜 위안부로 끌려간 동포 형제들을 지키지 못했는가를 되새겨 보는 것

기억의 터

이다. 원만한 한일 관계를 위해 과거 일제의 만행을 이제는 용서하자는 주장도 있지만, 그보다 중요한 것은 우리가 힘을 더 키우고 다시는 과거와 같은 불행이 생기지 않도록 과거를 잊지 않는 일이다. 용서를 한다고 해서 과거를 잊어서는 안 되며, 과거로부터 교훈을 얻는 일을 잊어서도 안 된다.

김익상 의사의 의거 터: 조선총독부

명동에서 남산으로 올라와 가장 먼저 통감관저터를 찾은 이유는 이곳에서 한국 근대사의 길이 어긋났기 때문이다. 2019년 8월 29일, 서울시는 통감관저터 앞에서부터 1.7킬로미터에 달하는 국치길 조성을 완료하고, 독립유공자 후손 등과 함께 국치의 현장을 걷는 '국치일에 국치길을 걷다' 역사 탐방을 개최했다. 국치길은 통감관저터에서 조선총독부터, 노기신사터, 경성신사터, 한양공원터, 조선신궁터까지 이어져 있다. 나라의 치욕스런 날이라는 뜻인 국치일을 떠올리는 것도 기분이 나쁜데 하물며 국치길이라니! 굳이 세금을 들여 조성해야 할 필요가 있을까? 하는 생각이 들지도 모른다. 국치길은 치욕을 잊지 않아야 다시는 그런 치욕을 당하지 않을 것이라는 의미로 만든 것이다. 치욕스러운 역사를 되돌아보는 것은 오늘날 우리에게 많은 교훈과 반성의 기회를 주기 때문이다. 이 길을 걷다 보면 자연히 왜 우리가 치욕을 당했는가를 생각하게 된다. 일본인이 잘나서 우리를 지배했던 것이 아니다. 그들은 우리보다 여러 가지 면에서 행운이 따랐고, 우리보다 잘했던 점이 있었고, 우리보다 먼저 준비했던 것이 있었기 때문이다. 그것을 제대로 알아야 우리가 무엇이 부족했는지, 앞으로 무엇을 해야 하는지도 알 수 있다.

국치길 대부분은 소파로와 겹친다. 소파 방정환의 이름을 딴 소파로는 남산 북쪽 순환로이고, 소월 김정식의 이름을 딴 소월로는 남쪽 순환로이다. 이 두 길은 조선 시대에는 존재하지 않았다. 일본인들은 1920년부터 1925년까지 남산 중턱에 조선신궁을 만들었다. 남대문에서 힐튼호텔 앞까지 큰 도로를 내고 현재 백범광장 가운데를 지나는 계단을 만들어 조선신궁에 참배하도록 했다. 이 계단 좌우에 만든 참배길이 바로 소월로와 소파로의 시작이다.

통감관저에서 나와 국치길을 걷다 보면 서울애니메이션센터를 지나게 된다. 1907년부터 조선통감부 청사가 있던 곳이다. 1910년에는 조선총독부 청사가 되어 1926년 경복궁에 신청사를 완공할 때까지 사용되었다. 1919년 3.1운동 당시 만세 시위대는 대한독립만세를 외치며 조선총독부를 향해 나아갔다. 하지만 오늘날의 한국은행 앞에 있었던 선은전광장에서 일제 헌병대에 가로막힌 시위대는 더 나아가지 못했다. 당시 조선총독부 청사는 늘 삼엄한 경비가 이루어지고 있었다.

그런데 1921년 9월 12일 오전 10시 20분, 놀라운 사건이 벌어졌다. 의열단 소속 김익상 의사가 폭탄 2개와 권총 2개를 들고 왜성대 조선총독부 청사로 잠입한 것이다. 전기 수리공으로 변장한 그는 일본 헌병대의 의심을 받지 않고 2층으로 올라갔다. 그런데 조선총독 집무실이 아닌 비서과에 잘못 던진 데다가, 던진 폭탄은 불발탄이었다. 그는 회계과장실에도 폭탄을 던졌는데 그곳에는 아무도 없었다. 폭탄이 터지자 일본 헌병들이 달려왔지만 김익상 의사는 그들에게 2층은 위험하다고 말하며 유유히 총독부 청사를 빠져나왔다. 김익상 의사의 용기와 기지가 정말 대단하다. 비록 사이코 마코토 조선총독을 암살하는 것은 실패했지만, 3.1운동 이후 가라앉은 우리 민족의 독립 의지를 다시 불타게 했다. 이곳은 김익상 의사 의거터로도 기억해야 한다.

서울애니메이션센터 자리에는 남산 조선총독부가 있었다.

조선신궁이 세워진 이유: 경성신사, 조선신궁

국치길을 걷다 보면 리라초등학교가 나온다. 학교 뒤쪽의 사회복지법인 남산원 자리에는 일본인이 만든 노기신사터가 있다. 러일전쟁에서 일본에 승리를 안겨 준 노기 마레스케라는 인물을 추모하는 신사다. 일본 거류민이 창건한 경성신사는 숭의여대 자리에 있었다. 경성신사는 조선신궁 완공 전까지 조선총독부의 제사를 대행하던 곳이다. 일본 거류민이 증가함에 따라 그들을 위한 종교 시설과 함께 공원도 생겼다.

숭의여대에서 조금 더 올라가면 한양공원 비석이 보인다. 일본은 1897년에 도성 내 일본 거류민을 위해 공원을 설치했는데, 숭의여대 일대의 사방 100미터 남짓한 이곳을 왜성대공원 또는 남산공원이라 불렀다. 공원 안에는 팔각형 음악당 건물도 있었다. 이후 1906년에는 통감부에서 경성공원지라는 표목標木을 박아 남산 북쪽을 전부 일본인을 위한 공원으로 만들고자 했고, 1910년에 왜성대공원 위쪽 남산 지역에 한양공원을 만들어 황조정黃鳥亭 정자를 비롯한 시설물도 지었다. 그런데 조선신궁 건립 부지와 겹치면서 시설 대부분이 철거되고 지금은 표석만이 남아 있다. 한양공원이 조선신궁으로 인해 공원의 역할을 못 하게 되자

한양공원 표지석

일제는 1919년 8월 남산 동쪽에 장충단공원을 새로 만들었다.

장충단공원 외에도 동국대 일부, 숭의여대, 백범광장과 안중근의사기념관 일대 등 남산 북쪽의 넓은 지역에 공원과 신사를 조성했다. 일본인들은 남산을 자신들의 놀이터이자 제사 공간으로 만들었다. 남산은 일본인들에 의해 제 모습을 잃어버렸다.

소파로를 따라 올라가다 보면 드라마 촬영 장소로 유명해진 '삼순이 계단'이 나타난다. 조선신궁을 지을 때 함께 만들어진 계단이다. 계단을 오르면 한양도성 성벽과 안중근의사기념관 등이 있다. 일제는 이곳에 조선신궁을 세웠는데 한반도 안에 있는 신사들의 총본산으로, 이 계획을 조선 강점 직후부터 세우고 있었다.

'삼순이 계단'으로 불리는 조선신궁 참배용 계단

조선을 지배하는 것이 신의 뜻임을 보여 주려는 의도였다. 일제는 남산 위 한양도성 성벽을 뭉개 버리고 그곳에 넓은 평지를 만들었다. 1920년부터 공사를 시작하여 길이 230미터, 폭 15미터의 384개 계단을 비롯해서, 좌우에 참배길을 만들었다. 1925년에 완공된 조선신궁은 도성 안 사람 모두가 우러러 보는 권위를 가진 건축물로 지어졌다. 이를 통해 조선을 시각적인 면과 정신적인 면에서도 지배하려 했다. 남산은 일본의 조선 진출 거점인 경성-용산 축의 중심에 해당된다. 경성의 랜드마크인 남산에 식민 권력의 상징물을 세운 것이다. 일왕가의 시조신인 아마테라스와 메이지 일왕에게 제사를 지냈던 조선신궁은 일제가 패망하자 1945년 9월 7일부터 일본 스스로가 해체 작업을 진행했다. 1947년 7월에는 모든 시설물이 파괴되었다.

그 이후 조선신궁이 있던 자리에서 1955년 10월 3일부터 다음해 8월 15일 광복절까지 큰 공사가 이뤄졌다. 높이가 23.5척약 7미터, 축대 포함 총 81척약 25미터인 당시 세계에서 가장 큰 동상이 건립되었다. 생존해 있던 이승만의 81살 생일에 맞춰 세워진 이승만 동상은 그를 세계적인 지도자라며 떠받들던 간신배들이 세운 부끄러운 역사의 한 장면이다. 북한의 김일성 동상이 1972년에 건립되기 시작했으니 이보다도 먼저 이승만 우상화가 시작된 것이다. 그들은 서울시를 우남시로 바꾸려고도 했다. 국민을 무시하고 권력만을 바라본 아부꾼들의 세상, 간신배들의 전성시대였다. 일제강점기를 보내며 아무런 교훈을 얻지 못하고 반성도 하지 않은 결과였다. 1960년 4.19혁명으로 이승만 정권이 무너지자, 그해 8월에 동상이 철거되었다.

1959년, 남산의 안중근 동상이 숭의여고 앞 경성신사터에 건립되었다가 1967년에 현 위치로 옮겨졌고, 1970년 10월 26일에 안중근의사기념관이 개관했다. 조선신궁 중광장이 있던 곳에는 1969년 8월에 김구 동상이 건립되었다. 그래서 이곳을 백범광장이라 부르게 되었다. 일제의 잔재를 지우려는 노력이다. 안중근과 김구 두 분의 동상 앞에서 묵념을 올렸다.

일본인의 흔적이 남아 있는 남산: 미쿠니아파트, 취산아파트

남산에는 일본인의 거주 흔적이 곳곳에 남아 있다. 1885년에 18

호 가구, 89명에 불과했던 일본인 거류민이 10년 만에 500호 1,839명으로 증가했다. 청일전쟁 전까지 일본인 거류지는 삼일로 남산1호터널~안국역 양측에서 현 충무로 1가 동쪽 끝부분명동역 6번 출구까지였고, 청국인의 거주지는 종현鍾峴, 즉 명동성당에서 을지로입구역 부근인 구리개銅峴까지로 정해져 있었다. 명동 중심지는 청국인이 장악하였고, 명동성당 남쪽 진고개를 중심으로 한 남산골에 일본인들이 터를 잡았다.

조선에서 일본 세력이 커지자 돈 벌 기회를 얻기 위해 무작정 건너온 일본인들이 진고개 일대로 모여들었다. 1894년 청일전쟁에서 일본이 승리하자 기존의 청국인들이 대거 귀국했고, 일본인들은 그들의 거주지를 조선 정부의 허락 없이 접수해 버렸다. 명동 일대가 일본인의 세상이 된 것이다. 처음 건너온 일본인들은 한옥을 빌리거나 구입해 살았지만 차츰 일본식 주택을 짓기 시작했다. 조선에서는 볼 수 없었던 2층 주택인 나가야長屋, 마치야町屋 등이 들어섰다. 현재 회현동 1가 150-1번지에는 계단집 카페가 있다. 2020년에 서울역도시재생센터 거점 시설 마을 카페로 재탄생한 곳이다. 1층에서 커피를 주문하고 2층으로 올라가면 일본 가옥의 형태를 그대로 볼 수 있다. 3개의 문을 열고 들어가면 일본식 가옥 특유의 다다미방이 나온다. 목조 주택의 매력을 살려 리모델링한 것이다.

일본인들은 양옥도 지었다. 남산로 1가 16번지에는 서울에 건립된 가장 오래된 아파트인 미쿠니아파트가 있다. 건물의 외벽과 내부를 새롭게 단장해 신축 건물처럼 보이지만 외부 기둥과 출입구, 계단 등은 옛 모습 그대로다. 석탄 등을 수입해 판매하던 미쿠니상회에서 1930년에 일본인 직원 숙소로 지은 아파트인데 지금도 공동 주택으로 사용되고 있다. 미쿠니아파트에서 소공로를 가로질러 회현동 2가 49번지로 가면 아일빌딩이 있다. 이 건물은 1936년 미쿠니상회에서 건립한 취산아파트였다. 지하 1층, 지상 3층짜리 건물인데 지금은 증축해 5층 건물이 되었다. 복도식으로 설계된 아파트로, 10평 크기의 작은 집들이 있었다. 지금은 일반 사무실 건물로 사용되고 있다. 1932년 충정로에 세워진 충정아파트 등과 함께 일본인이 가져온 새로운 양식의 아파트들은 한국 주택 문화를 크게 바꾸었다.

우리나라에서 가장 오래된 아파트인 미쿠니아파트

2

일본인만을 위한 공간, 남촌

답사 코스

종각역
1
화신백화점
한성은행(조흥)
상업은행(광통관)
18은행
을지로입구역
2
아시아증권주식회사
시청역
1
반도호텔
동양척식주식회사
식산은행
덕수궁
경성전기
철도호텔
경성주식현물시장
시청역
2
조지아백화점
본정경찰서
주한중국
대사관
명동대성당
조선은행
경성우체국
미나카
백화점
명동역
4
미츠코시
백화점
히라타
백화점
남대문
중앙물산시장
조선총독부
4
회현역

조선 제일의 번화가 남촌: 혼마치와 구리개

명동성당에서 장교동까지 연결되는 조금 높은 언덕은 조선 시대에 구리개銅峴라고 불렸다. 구리개에는 약방 골목이 있어 의원들이 많이 살았다. 조선 후기의 약방은 요즘의 카페처럼 사람들이 모여 소식도 전하고 대화를 나누는 만남의 장소였다. 지방에서 올라온 사람들은 남대문을 통해 도성 안으로 들어와 남대문로를 따라 시내로 향하다가 구리개 약방에 들러 새로운 소식을 전해 듣곤 했다. 만남의 장소였던 구리개 약방 골목은 일제강점기에 더욱 더 많은 사람들로 붐볐다.

한반도에 거주하는 일본인은 1910년에 3만 4,463명으로 늘더니, 1945년 일제가 패망할 당시에는 약 80만 명까지 증가했다. 일본인이 선호하는 주거지는 단연 경성이었다. 그러다 보니 예장동, 회현동, 명동, 소공동 일대에서 서쪽으로는 남대문, 동쪽으로는 장충동까지 주거 지역이 확장되었다. 일본인이 집중 거주하는 청계천 남쪽 지역은 남촌이라 불리며 한국인이 사는 청계천 북쪽 지역인 북촌과는 전혀 다른 공간으로 탄생했다. 전기로 불을 밝히는 가로등 아래의 잘 닦인 도로 위를 인력거, 우마차, 자동차, 전차가 달리고, 즐비하게 늘어선 화려한 상점들에서 쇼핑하는 부자들을 볼 수 있는 남촌은 한국인에게는 신세계였다.

일제강점기 명동의 번영을 보여 주는 건물로 명치좌가 있다. 1935년에 건립된 명치좌는 일본인을 위한 영화를 상영하는 영화관으로, 현재는 명동예술극장으로 바뀌었다. 20세기 초 각광받는 예술 장르였던 영화가 조선에 본격적으로 소개되면서 명동과 을지로 일대에는 많은 극장이 들어섰다. 명동의 문화 공간으로는 다방과 술집도 있었다. 당시 다방에서는 커피와 차만 파는 것이 아니라 예술 전시회와 음악회도 열렸다. 이러한 전통이 해방 이후에도 이어져, 명동의 다방과 술집을 중심으로 문인과 예술인들이 모였다. 통기타와 청바지로 대표되는 1970년대 청년 문화의

명치좌 건물은 현재 명동예술극장이 되었다.

중심지 역시 명동이었다.

오늘날의 명동은 문화 중심지보다는 쇼핑 거리, 외국인이 많이 찾는 관광지라는 이미지가 더 크다. 일본인들은 마을 가운데 가장 번화한 지역을 혼마치本町라 칭했다. 명동의 일부로, 남산골샌님이 살던 진고개는 일제강점기에 혼마치로 불리며 당시 한반도에서 가장 번화한 경성의 중심지로 자리 잡았다.

혼마치는 경성우편국 남쪽 골목에서 시작된다. 경성우편국은 당시 한반도 우편의 중심 역할을 한 곳으로, 19세기 말에 설립된 우정총국을 일제가 흡수하여 만들었다. 경성우편국 건물터에는 현재 서울 중앙우체국포스타워이 들어서 있다. 경성우편국 청사는 1913년에 착공되어 1915년 9월에 준공된 건물로, 지하 1층, 지상 3층, 옥탑 1층으로 연건평 1,320평에 달한다. 붉은 벽돌과 석조를 혼합해 웅장하면서도 화려한 르네상스 양식으로 지어졌다. 총독부청사, 경성부청사, 조선은행 건물과 같이 중앙에 돔을 얹었고 창틀은 아치 형태로 꾸며 화려함을 더했다. 6.25전쟁으로 반파되었다가 이후 철거되어 현재는 사진으로만 남아 있다.

남촌의 일본인들은 당시 한국인이 전혀 보지 못했던 새로운 상품들을 가져와 팔기 시작했다. 우유, 과자, 커피, 양담배, 석유, 성냥, 라디오, 축음기 등을 파는 상점이 있었고 사진관, 양복점 등도 들어섰다. 이들 가운데 단연 한국인의 눈을 휘둥그레하게 만든 것은 백화점이었다. 백화점은 다양한 상점이나 상품을 한 건물에 입점하여 판매하는 형태의 시장이다. 1852년 프랑스 파리에서 개장한 르 봉 마르셰Le Bon Marché가 현대식 백화점의 시작으로 알려져 있다. 백화점은 19세기 말부터 유럽을 중심으로 새로운 소비 혁명을 일으킨 주역으로 등장했다.

아시아 최초의 백화점은 1904년에 설립된 일본 미츠코시三越백화점이다. 한반도 최초의 백화점은 1904년부터 조선에 진출한 히라타상점이 1926년 주식회사로 변경하면서 만든 히라타平田백화점이다. 이어서 1929년에는 조지야丁子屋백화점, 미나카이三中井백화점, 미츠코시백화점도 경성에 문을 열었다. 미츠코시, 히라타, 미나카이백화점은 혼마치 1정목에 서쪽부터 나란히 위치해 있었다. 반면 남대문로에 있었던 조지야백화점은 해방 후 미도파백화점이 되었다가, 2002년 롯데백화점에서 인수해 현재 롯데영플라자로 사용되고 있다. 히라타백화점은 1947년에 화재로 건물이 전소된 후 1969년에 대연각빌딩으로, 현재는 고려대연각타워로 바뀌었다. 미나카이백화점은

미츠코시백화점은 오늘날 신세계백화점이 되었다.

경성뿐만 아니라 부산, 대구, 함흥 등에 총 12개 점포를 열었을 만큼 전국적인 체인망을 갖추고 장사를 했다. 그러다가 1970년대 초반에 건물 자체가 철거되었다.

일본 4대 백화점 중 단연 최고의 백화점은 미츠코시다. 2015년에 개봉해 1,270만 관객을 동원한 영화 <암살>에 미츠코시백화점이 등장한다. 지하에는 주방용품과 식료품을 파는 잡화 코너와 간이 식당이 있었고, 1층에는 화장품과 고급 식료품 매장, 2층부터 4층에는 귀금속, 가구, 기성복 매장과 커피숍, 대형 식당이 자리했다. 엘리베이터, 쇼윈도, 옥상 정원을 갖추어 요즘의 백화점과 큰 차이가 없었다. 당연히 당시 사람들에게 매우 큰 충격을 주었다. 혼마치 입구에 위치한 미츠코시백화점은 남촌의 번영을 상징했다. 친일파 박흥식이 종로에 문을 연 화신백화점에는 엘리베이터와 에스컬레이터가 설치되어 사람들의 큰 관심을 받았지만, 미츠코시백화점만큼 화려하지는 못했다.

백화점의 등장은 조선의 소비 시장에서 상류 사회와 하류 사회의 구분을 만들었다. 부유한 일본인과 가난한 한국인의 소비 패턴으로 나뉜 것이다. 식민지 경제를 장악한 일본인과 그에 기생하는 친일파 일부만이 남촌의 백화점에서 고급스러운 쇼핑을 즐길 수 있었다. 대다수 한국인들은 백화점을 신기하게 둘러보고 밥만 먹고 가는 정도였다. 선택받은 사람들만이 남촌의 문화를 향유하며 시대를 앞서가는 모던보이, 모던걸이 될 수 있었다.

1952년 당시 미군국방마트PX 기념품 판매점 내 초상화부에는 미군의 초상화를 그려 주던 박수근, 도예가 황종례 그리고 박완서가 있었다. 박완서는 훗날 국민 화가로 불린 박수근과의 1년간 만남을 회상하며 그를 주인공으로 다룬 소설 《나목裸木》으로 화려하게 문단에 데뷔했다. 나목은 시든 고목이 아닌 새 봄을 준비하는 겨울나무를 그린 박수근의 대표작이다. 박수근은 어린 자식을 먹여 살리기 위해 미군의 초상화를 그려 주며 살았다. 그가 훗날 그토록 유명해질 줄은 1952년 당시에는 아무도 몰랐다. 박수근이 미군의 초상화를 그린 곳은 미츠코시백화점 건물 옥상, 즉 지금의 신세계백화점 본점 옥상이다.

일제강점기 경제의 중심 남대문통: 남대문로의 은행가

조선 시대 도성 안에는 집들은 많은 반면, 큰 도로는 드물었다. 육조거리와 종로, 남대문로가 도성 안 3대 도로였고 돈화문로는 그 다음으로 중요한 도로였다. 남대문에서 동북 방향으로 길을 따라 도성 안으로 들어오면 종각과 만난다. 남대문에서 종각에 이르는 길이 남대문로다.

청계천을 건너는 다리 가운데 가장 폭이 넓은 다리인 광교廣橋는 남대문로의 일부다. 광교의 길이는 12.3미터인데, 도로 폭은 그보다 넓은 14.4미터이다. 광교는 대광통교, 북광통교, 대광교로도 불렸다. 광교 남쪽에 소광통교남광통교가 있기 때문이다. 2003년 7월에 청계천 복원 사업을 하면서 광교를 복원했는데, 교통 흐름을 방해하지 않기 위해 본래 있던 자리에서 상류 쪽으로 155미터 옮긴 지점에 복원되었다. 현재 남대문로 폭이 옛 광교보다 넓기 때문에 원래 자리에 복원하기 어렵기도 했다. 이제 옛 광교를 보러 가 본다.

청계천 옆을 거닐면서 광교 아래쪽으로 간다. 조선 태조 때 만든 광교가 1410년의 홍수로 파괴되자 돌로 개축했는데, 이때 다리 건설에 사용된 석재 가운데 일부는 태조의 둘째 부인 신덕왕후의 묘인 정릉에서 가져온 것이다. 태조 이성계에게는 신의왕후 한씨가 낳은 6명의 아들과 신덕왕후 소생인 2명의 아들이 있었다. 태조는 1392년에 신덕왕후

청계천 광통교에 사용된 정릉 석물

가 낳은 8남인 방석을 세자로 삼았다. 하지만 1398년에 신덕왕후가 죽은 후, 5남인 방원이 왕자의 난을 일으켜 동생인 방석을 죽이고 권력을 장악하고 만다. 1400년, 3대 태종이 된 이방원은 도성 안 정동에 있던 정릉을 도성 밖 지금의 정릉동으로 강제 이장시키고, 정릉의 석물을 청계천 다리 공사에 써 버렸다. 신덕왕후에 대한 미움과 그녀의 외척에 대한 경계심 때문이었다. 아이러니하게도 태종이 정릉 석물을 청계천 다리에 처박아 둔 덕분에 오늘날 우리는 광교 아래에서 정교하게 조각된 석물을 훼손이 덜된 모습으로 볼 수 있게 되었다.

조선 시대 서울의 경제 중심은 종로였지만 일제강점기에는 남대문로로 바뀌었다. 일본인이 모여 사는 명동을 통과했던 남대문로는 이때 크게 변했다. 종로는 시전 상인들의 강한 저항 때문에 일본인이 침투하기 어려웠지만 남대문로는 달랐다. 일제는 남대문로에 주요 상업 시설을 세웠다. 먼저 을지로1가 사거리에 있는 한국전력공사 서울본부 사옥부터 보자. 1928년에 한국전력공사의 전신인 경성전기주식회사 사옥으로 지어졌는데 본격적인 사무용 건물이었다. 이 건물은 2002년에 국가등록문화재 제1호로 지정되어 우리나라의 대표적인 근대 건축물로 인정받고 있다. 해방 후 2개 층이 증축되었지만 여전히 건축 당시 원형을 거의 그대로 유지하고 있어 보존 가치가 크다. 1923년에 일어난 관

동대지진의 영향을 받아 한반도 최초로 내화, 내진 설계가 적용되어 지어졌다. 2대의 엘리베이터가 설치되어 있었고 유리 블록과 장식 등이 도입된, 당시로서는 획기적인 건축물이었다. 반도호텔 다음으로 높은 건물이기도 했다. 1998년 이후 창문, 엘리베이터, 전등 등이 교체되어 옛 사무실 모습을 확인하기 어렵지만 현관문, 벽면 타일, 중앙의 목재 난간 등은 옛 모습 그대로다. 1920~30년대 일제 건축물들은 대체로 입구를 돔과 아치, 장식물 등으로 꾸며 위압적인 모습을 하고 있는 것에 반해, 이 건물은 사무실 용도에 맞게 단순한 형태로 지어졌다. 이곳에서 일을 하며 살았던 일제강점기 샐러리맨의 모습을 떠올려 보았다.

국가등록문화재 제1호인 한국전력공사 서울본부 사옥

현재 남대문로에는 많은 금융 기관이 위치해 있다. 일제강점기에도 마찬가지였다. 광교 사거리 신한은행 광교영업부 입구에는 이곳이 조흥은행이었음을 알리는 표석이 있다. 조흥은행은 1943년에 한성은행이 동일은행과 합병하며 탄생했다. 조흥은행의 모태인 한성은행은 1897년 2월에 설립된 우리나라에서 가장 오래된 은행이다. 한성은행은 김종한 등이 설립한 민족계 근대 은행이었지만, 1905년 이후 일본 제일은행의 지배를 받게 되어 일본계 은행으로 바뀌었다. 해방 이후 조흥은행은 대한민국의 대표적인 시중은행으로 성장했는데 상업, 제일, 한일, 서울은행을 포함한 5대 은행 가운데서도 가장 역사가 길고 규모가 컸다. 대한민국 주식 시장 1호로 상장된 은행이기도 하다. 독립 자금을 대었던 민족 기업인 동화약품이 2호였다. 한성은행에서 조흥은행으로, 다시 2006년 신한은행에 합병되지만 은행 자리는 100년 넘게 변하지 않았다. 현재의 건물은 1966년에 완공된 것이다.

신한은행 건물 남쪽에는 다이도생명보험 경성지점이 있었고, 그 옆에는 국내에서 가장 오래된 은행 점포인 광통관廣通館 건물이 있다. 광통관 건물은 벽돌과 돌을 섞어서 지었는데 전면을 장식하는 기둥은 화강암을 사용했고, 이오니아 양식으로 만들었다. 20세기 초 서양 고전 양식을 차용해 양관洋館을 짓던 유행이 반영된 것이다. 현재 우리은행 종로금융센터로 사용되고 있는 이 건물은 1907년에 대한제국 탁지부에서 금융 관련자들의 회합 장소로 지어졌다. 이후 조선상업은행 종로지점으로 사용되었다. 조선상업은행의 전신은 1899년에 민병석 등이 주축이 되어 만든 대한천일은행이었다. 하지만 한성은행과 마찬가지로 1906년에 일제의 손에 넘어갔고, 1911년에 조선상업은행으로 이름을 바꿨

광통관은 현재 우리은행 종로금융센터로 사용 중이다.

다. 한성은행, 다이도생명보험, 조선상업은행 종로지점, 조선식산은행, 조선상업은행 본점, 조선저축은행, 조선은행, 야스마은행, 일본 제18은행 등 일제강점기 주요 금융 업체들이 남대문로에 건물을 지었다. 남대문로는 식민지 조선의 금융 허브이자 경제 중심지였다.

1980년대 당시 경제적으로 미국을 능가할 것 같았던 일본은 1985년에 미국과 플라자 합의를 통해 엔화 가치를 대폭 올렸다. 엔화 가치가 오르자 일본 상품의 경쟁력이 떨어졌다. 일본의 명목상 소득은 엔화 가치 상승과 함께 올랐지만, 이후 일본 경제는 크게 추락했다. 미국은 수출 산업에서 일본에 뒤처지기 시작했지만, 금융업은 일본보다 훨씬 발달했다. 미국은 환율과 이자율 변화 등 다양한 금융 기법을 이용해 일본 경제를 무너뜨렸다. 마찬가지로 100여 년 전 일본 역시 금융업을 통해 대한제국 경제를 무너뜨렸다. 일제강점기 은행들은 한국인의 기업 활동을 어렵게 하여 민족 경제 발전에 장애가 되었고, 한국 농민들에게 고율의 이자를 착취하는 등 조선 수탈의 도구로 기능했다. 세계 경제 전쟁에서 금융업은 제조업만큼이나 중요한 산업이다. 일본은 이를 빨리 깨달았고, 우리는 뒤늦게 알았다.

특히 일본 제일은행은 1902년부터 제일은행권을 조선에 유통시켜 대한제국의 화폐 주권을 침해했다. 그로 인해 조선 상인들이 몰락하고 일제의 대한제국 경제 장악이 가속화되었다. 1905년에 대한제국의 화폐 정리 사업을 강제하면서 제일은행은 대한제국의 중앙은행 역할을 하게 된다. 일제가 대한제국을 사실상 지배하던 1909년에는 대한제국 정부 자금 30%, 일본인 68% 출자로 한국은행이 설립되어 일본 제일은행 경성지점의 업무와 직원을 그대로 승계했다. 이때 은행 총재를 비롯한 중역은 모두 일본인이었다.

1911년 한국은행은 조선총독부 산하 조선은행으로 재출범했고 이듬해 1월에 완공된 건물은 조선은행 본점으로 사용되었다.

조선은행은 식민지 조선의 중앙은행이었다. 일본은행을 보조하면서 식민 통치 비용을 조달하고 대륙 침략 정책 수행을 위한 도구로 이용되었다. 해방 후에는 한국의 중앙은행인 한국은행으로 다시 이름이 바뀐다. 1908년에 지어진 한국은행 본관 건물은 프랑스식 성을 본 딴 르네상스 양식으로 만들어졌다. 6.25전쟁 당시 건물 내부가 불탔지만 1956년에 원래 모습으로 복구되었고, 2001년 한국은행 신관 건물이 완성되면서 지금은 화폐박물관으로 사용되고 있다.

한국은행 본점(구 조선은행)

조선부터 이어져 온 서민 삶의 터전: 남대문시장

남대문로에는 은행들이 밀집해 있다. 은행을 이용하는 사람들 중에는 일본인 사업가들도 있었지만 한국인 이용객이 훨씬 많았다. 그럼에도 은행과 가까운 곳에 있는 백화점의 매출 대부분은 일본인과 친일 부호들로부터 나왔다. 은행을 다녀온 한국인들은 백화점을 구경만 할 뿐이고 정작 가는 곳은 따로 있었다. 경성에서 가장 큰 시장인 남대문시장이다. 얼마 전까지만 해도 매년 추석이나 설날이면 남대문시장 상인들을 인터뷰하는 TV 방송이 많았다. 남대문시장은 한국의 대표 시장으로, 물가의 바로미터 역할을 했기 때문이다. 명성이 예전 같지는 않지만 여전히 남대문시장은 사람들로 붐빈다. 요즘은 외국인 관광객도 많아졌다.

남대문시장은 1897년 1월, 남대문 옆 선혜청 창고 자리현 남대문시장 A동과 B동에 들어섰던 선혜청 창내장에서 기원했다. 선혜청은 대동법 시행과 함께 탄생한 호조 소속으로, 왕실과 조선 정부에서 필요한 물자를 수급하는 관청이었다. 선혜청은 남대문 바로 동쪽에 있었는데 남대문시장 입구에서 표지판을 찾을 수 있다.

선혜청이 물건을 구입하는 곳이다 보니 주변에서 상거래가 활발하게 이루어졌다. 특히 17세기 이후 남대문 밖에서 칠패시장이

번성했다. 칠패시장과 더불어 남대문 안쪽에는 새벽 시장이 성장했다. 그런데 1897년 경인선 철도 건설로 인해 칠패시장이 둘로 나뉘면서 터전을 잃은 시장 상인들이 선혜청 창내장으로 옮겨 왔다. 도로 확장 등의 이유로 종로 등지에서 점포를 잃은 상인들도 이곳으로 터전을 옮겼다. 게다가 남대문 동쪽 명동 일대에 청국 공사관이 건립되어 청국 상인이 주변에서 장사를 하고, 일본공사관이 남산 북쪽에 들어서면서 일본 상인들까지 상거래를 하게 되자 선혜청 창내장은 장사하기 좋은 곳이 되었다. 쌀가게, 과일가게, 어물상, 잡화점, 담배가게 등이 들어서고 청국 상점과 일본 과자점도 등장했다.

시장이 성장하자 대한제국 정부가 세금을 거뒀는데 그 세금은 내장원, 즉 고종의 호주머니로 들어갔다. 1905년에는 친일파 송병준이 창내장의 수세권을 관리하게 되었는데, 일본이 친일의 대가로 송병준에게 이권을 넘겨 준 것이다. 창내장이 고종과 송병준의 개인 이익을 위한 장소가 된 것이 아쉽기만 하다.

창내장은 남대문 옆에 있어 남대문시장이라 불리며 일제강점기에도 꾸준히 성장하여 조선 제일의 시장으로 자리 잡았다. 1921년에 대규모 화재가 발생하자 이를 재건하기 위해 송병준은 조선농업주식회사를 설립하여 다시 시장을 열었다. 하지만 다음 해에 시장 관리권이 일본인이 설립한 중앙물산으로 넘어갔다. 그래서 명칭도 중앙물산시장으로 바뀌었지만 한국인들은 계속해서 남대문시장이라 불렀다. 1920년대 후반 백화점의 등장은 남대문시장에도 영향을 끼쳤다. 백화점에서 팔았던 잡화의 비중은 줄어들고 미곡, 과일, 해산물, 정육, 야채를 파는 상점들이 주축이 되어 성장한다. 이때부터 백화점과 시장의 거래 상품이 달라지기 시작했다.

해방 후에는 남대문시장이 도깨비 시장 또는 양키 시장으로 불렸다. 한국에 주둔한 미군의 물품이 흘러나와 이곳에서 거래되기도 했기 때문이다. 6.25전쟁 후에는 월남해 온 실향민이 시장 주변에 자리 잡고 순대, 빈대떡, 꿀꿀이죽을 팔았다. 그러자 시장에 이북 사투리가 많이 들리면서 '아바이 시장'이란 별명을 얻기도 했다. 1950년대에는 자유당의 지원을 받은 깡패 조직의 두목 엄복만이 시장을 장악하기도 했고, 1954년과 1968년에는 대형 화재를 겪는 등 여러 우여곡절이 있었다. 1968년의 대화재는 현재의 남대문시장을 만든 계기가 되어, 복구 과정에서 C, D, E동 건물이 들어서며 현대적인 대형 상가로 탈바꿈했다. 현재는 하루만에 돌아다니기 어려울 정도로 상점들이 많다. 서민 삶의 터전인 남대문시장은 여전히 활기찬 모습이다. 사람 사는 것이 크게 다르지 않음을, 삶은 이어진다는 것을 남대문시장에서 보았다.

나석주 의사의 분노: 동양척식주식회사터

을지로입구역에서 을지로 2가 쪽으로 조금만 걸어가면 하나금융그룹 명동사옥이 보인다. 과거 동양척식주식회사가 있던 자리이다. 동척東拓으로 불리는 동양척식주식회사는 1908년에 일제가 한국에 설립한 국책 회사다. 동척은 농업 경영과 일본인의 한반도 이민을 주요 사업으로 삼고, 일제의 한반도 식민지 경영을 위한 필수 사업을 대행하기도 했다. 동척은 대영제국의 동인도 회사를 모방해 만든 식민지 수탈 기관이었다.

동척이 일제 침략의 원흉으로 지금까지도 사람들에게 회자되는 것은 조선 농민들의 토지를 대거 빼앗았기 때문이다. 동척은 조선 농민들에게 고리로 대출을 해 주고 이를 갚지 못한 농민들의 토지를 빼앗아 일본인에게 제공하는 역할을 했다. 토지 개량 사업, 산미 증식 갱신 사업, 태평양 전쟁 시기에 군수품 및 자금 조달 사업 등 다양한 사업을 전개했다. 특히 토지 경영을 통해 토지 임대료, 소작료, 농산물 판매 차익, 이자 수입 등으로 막대한 수익을 얻었다. 이 모든 것이 조선 농민들의 희생을 바탕으로 한 것이다. 1912년 토지 조사 사업이 이루어지기 전에는 토지 대장에 등재되지 않은 땅들이 많았다. 그런데 토지 조사 사업 이후 동척은 이런 땅을 토지 대장에 올리고 50%의 소작료를 징수

나석주 열사 의거터에 세워진 나석주 동상

했다. 이전까지 소작료가 없거나 저렴한 소작료를 내고 농사짓던 농민들에게 갑자기 50%의 소작료를 내라고 하니 불만이 생길 수밖에 없었다. 동척은 조선 농민들에게 가장 큰 미움의 대상이었다. 농민들의 생존을 위협하는 존재였기 때문이다. 식민 지배의 첨병 역할을 한 동척에 불만을 가진 사람 중 한 명이 바로 의열단 단원으로 활동한 나석주였다.

1926년 12월 28일 나석주는 동양척식주식회사 사옥에 들어가 폭탄을 투척하고 권총을 쏘았다. 폭탄이 폭발하지 않았고 권총에 맞은 사람들이 미리 계획했던 중요 인물들이 아니어서 실패한 의거였지만, 식민 통치에 대한 한국인의 불만을 제대로 표출한 사건이었다. 이때 나석주가 폭탄을 투척했던 곳에는 식산은행도 있었다. 식산은행 역시 농민들에게 자금을 대출해 주며 고리대를 챙긴 식민 통치의 첨병이었다.

나석주 의사의 동상 앞에서 묵념을 드렸다. 이제 일제 식민 통치에 맞선 최대 저항 운동인 3.1운동의 현장으로 가서 한국인의 울분과 저항 정신을 살펴보고자 한다.

4장

관련 연표

한국사		세계사	
연도	중요 사건	연도	중요 사건
1909	안중근 의사 이토 히로부미 척살	1919	중국 5.4운동, 파리강화회의
1919	3.1운동, 대한민국 임시정부 수립	1920	국제연맹 창설
1920	봉오동 전투, 청산리 전투	1929	세계대공황 시작
1932	이봉창 의사 일왕 암살 시도 윤봉길 의사 상하이 의거	1930	인도 비폭력 불복종 운동 전개
		1939	제2차 세계 대전(~1945) 발발
1945	광복군 국내 진공 작전 계획	1945	미국 히로시마, 나가사키에 원폭 투하

독립운동의 현장: 북촌, 종로, 효창공원

- 한국사의 물줄기를 바꾼 3.1운동의 현장인 북촌을 찾아 종교인과 학생들이 어떻게 한민족 최대의 독립운동을 일으킬 수 있었는지를 알아본다.
- 차별과 탄압을 받으면서도 일제의 무력 앞에 숨죽였던 사람들과 달리 용기를 내어 독립운동을 한 사람들의 자취를 찾아 효창공원으로 향한다.

1

3.1운동의 현장

답사 코스

중앙학교
숙직실
유심사
김성수 집터
손병희 집터
재동
초등학교
김옥균 집터
경복궁
창덕궁
여운형 집터
조선어학회관터
최린 집터
윤보선가옥
건준 본부 터
박규수 집터
천도교
중앙총부
안국역
3
천도교
중앙대교당
이종일 집터
교동초등학교
보성사터
서북학회터
조선중앙일보사
5
종로3가역
3
태화관터
숭동교회
탑골공원
종로경찰서터
종각역
1
YMCA
종로3가역
1

3.1운동의 불씨가 타오르다: 중앙고등학교 숙직실

종로구 계동 1번지에 있는 중앙고등학교는 드라마 <겨울연가>의 촬영지로 한때 일본인 관광객들이 대거 찾았던 곳이다. 지금은 일본인뿐만 아니라 북촌을 구경하려는 세계 각지의 관광객들로 붐비고 있다. 이곳에서 독립운동가를 찾는 답사를 시작하고자 한다.

과거에 중앙학교라는 이름으로 설립된 이 학교가 자리한 곳은 육군무관학교 교장을 역임하고 대한민국 임시정부 군무총장을 맡았던 노백린의 집터였다. 노백린은 1920년에 미국 캘리포니아에서 재미 동포인 미곡왕 김종림의 지원을 받아 항공학교를 설립해 공군 비행사를 육성했으며 임시정부 국무총리와 참모총장을 역임했던 분이다. 노백린은 독립운동을 위해 자기 집을 팔았다. 그의 집터에 1917년 중앙학교가 이사했는데, 고딕풍 건물로 지어진 서관과 동관 그리고 1937년에 건립된 본관은 사적으로 지정되어 있다. 하지만 이보다 역

3.1운동 책원비가 세워진 당시 숙직실 자리

사적으로 더 중요한 의미를 가진 건물이 있었다. 강당 정문 바로 앞에 있었던 숙직실 건물이다.

1919년 1월 중순경 중앙학교 숙직실에는 교장 송진우와 교사 현상윤 그리고 동경 유학생인 송계백이 마주 앉아 있었다. 송계백은 일본에서 유학생들이 독립선언을 할 것임을 와세다 대학 선배인 현상윤에게 알리고 2.8독립선언서 초안을 전달했다. 현재 중앙고등학교 교정 동북쪽 담장 옆에는 당시 숙직실 외형을 재현한 삼일기념관 건물이 있고, 숙직실터에는 3.1운동 책원비策源碑가 세워져 있다. 한국 역사상 민중의 힘으로 역사의 물줄기를 가장 크게 바꾼 3.1운동이 이곳에서 비롯되었다는 기념비다.

3.1운동을 주도한 세력은 천도교다. 당시 천도교는 3대 교주 손병희를 중심으로 한 유능한 인재들과 중앙대성전 건립을 위해 모은 자금을 갖고 있었다. 천도교인들이 3.1운동을 준비하기 위해 활동한 곳이 서울의 북촌이다. 중앙고등학교 앞에서 3호선 안국역까지 이어진 계동길을 따라 걸어 본다. 남쪽으로 내려가다 보면 석정보름우물이 나온다. 15일 동안 맑고 15일 동안 물이 흐려진다고 해서 붙여진 이름이다. 석정보름우물은 북촌 주민들의 주요 음수원이었는데, 1794년에 조선에 파견된 첫 외국인 선교사인 주문모 신부가 이 우물물로 세례를 주었다고 전해진다. 김대건 신부도 북촌에서 사목 활동을 할 때 이 물을 성수로 사용했

다고 한다.

북촌에서는 천도교인, 천주교인뿐만 아니라 불교인도 활동했다. 1895년에 도성 내 승려 출입이 자유로워지자 스님들은 현 조계사 뒤쪽 수송공원터에 각황사를 세웠고 종묘 옆에 대각사를 설립했다. 20세기 초 불교 혁신 운동을 일으킨 한용운 스님도 도성 안에서 활동했다. 석정보름우물에서 조금만 남쪽으로 내려가면 동쪽으로 난 골목 안에 만해 한용운 스님이 머물던 유심사唯心社가 있다. 유심사는 사찰이 아닌 불교 대중 계몽지인 <유심>을 발행하는 곳이었다.

1919년 2월 초, 일본에서 만세 시위 운동이 있을 것이라는 소식을 전해 들은 현상윤과 송진우는 최린, 최남선 등과 수차례 회합을 하며 독립운동 거사를 논의했다. 보성고등보통학교 교장을 역임한 천도교측 대표 최린은 3대 교주인 손병희의 지시를 받아 타 종교 지도자들과 만남을 주도했다. 2월 24일, 최린은 이승훈 장로 등을 만나 기독교측과 독립운동 일원화에 합의한 후, 곧 유심사로 한용운을 찾아가 불교계의 참여를 권했다. 한용운은 즉시 참여할 것을 수락하고 다음 날 대각사로 백용성 스님을 찾아갔다. 불교계 지도자들 대부분이 산중에 있어 빨리 연락이 되지 않은 탓에, 민족대표 33인에 참여한 분은 한용운과 백용성 두 분뿐이었다. 하지만 3.1운동에서 불교계의 활동도 중요했다. 한용

창덕궁 앞에 위치한 대각사. 3.1운동 당시 백용성 스님이 머물고 있었다.

운 스님은 1918년부터 혜화동에 있던 승려 교육 기관인 중앙학림의 강사로서 제자들을 양성하고 있었다. 2월 28일, 한용운 스님은 독립선언서를 인수받아 중앙학림 학생인 신상완 등을 유심사에 모이게 했다. 훗날 동국대학교가 되는 중앙학림의 학생들은 동래 범어사, 양산 통도사, 합천 해인사, 대구 동화사, 구례 화엄사 등에서 승려로 활동한 사람들이다. 한용운 스님에게 독립선언서를 받은 학생들은 자신들의 출신 사찰과 시내 포교당을 돌아다니며 독립선언서를 배포하고 시위에 참여했다. 3.1운동처럼 단기간에 사람이 모여 함께 행동을 하려면 지리적 위치가 매우 중요

하다. 유심사, 대각사, 중앙학림이 가까운 곳에 있었기에 불교계도 적극 참여할 수 있었다.

독립운동을 이끈 지도자 여운형: 여운형 집터

3.1운동과 관련해 북촌을 답사할 때 꼭 만나야 할 사람이 여운형 1886~1947이다. 해방 직전 조선건국준비위원회 이하 건준를 설립한 여운형의 집은 계동 현대빌딩 북쪽에 위치해 있었다. 또한 그가 활동했던 건준의 본부는 계동 보현빌딩 자리로, 현대빌딩 서쪽에 있었다. 건준이 주최한 전국인민대표자대회는 오늘날의 헌법재판소 자리에 있었던 경기여자고등학교 강당에서 1945년 9월 6일부터 3일간 열렸다. 북촌에서 벌어진 중요한 정치적 사건에 여운형이 깊게 관련되어 있었다.

여운형은 해방 직후 좌우합작운동을 주도하며 통일 정부 수립을 위해 힘쓴 정치인으로, 당시 한국인이 가장 신뢰하는 영향력이 큰 지도자였다. 하지만 그는 1947년 7월 19일에 극우 청년들로부터 테러를 당해 사망했다. 그의 죽음을 사주한 배후는 밝혀지지 않았지만 그가 죽음으로써 가장 이득을 본 사람이 범인일 것이다.

여운형의 해방 직후 활동은 잘 알려져 있지만, 해방 전 활동은 잘 모르는 사람이 많다. 청년 시절 여운형의 이야기를 알아보자. 1918년 1월 8일, 미국의 우드로 윌슨 대통령은 제1차 세계 대전 종전 후 세계정세 개편을 위한 14개 원칙을 제시했는데, 그 가운데 하나가 "각 민족의 운명은 그 민족이 스스로 결정하게 하자"라는 민족자결주의였다. 윌슨 14개조는 1919년 파리강화회의에 정식으로 제안된다. 미국은 파리강화회의에 중국을 참여시키기 위해 1918년 11월, 찰스 크레인을 특사로 파견했다. 크레인이 상해에서 연설을 할 때 상해에서 신한청년당을 조직해 당수로 활동하던 여운형이 그 자리에 있었다. 여운형은 크레인을 찾아가 파리강화회의에 한민족 대표 참석을 지원해 달라는 요청을 하고, 신한청년당 회의를 통해 외국어에 능통한 김규식을 파리에 파견하기로 결정했다. 1919년 3월 13일, 파리에 도착한 김규식은 5월 10일 '한국독립 항고서'를 파리강화회의에 제출했다.

신한청년당은 한국독립 항고서가 한민족을 대표해서 제출한 것임을 보여 주기 위해 국내외 여러 단체들과 협력하여 한민족의 의지를 표명하는 행동을 하자고 결정했다. 신한청년당은 선우혁과 김철, 서병호, 김순애 등을 국내에 파견하여 애국지사, 종교 지도자들과 접촉해 독립운동을 일으킬 것을 촉구했다. 일본에 파견된 조용은, 장덕수, 이광수는 한국 유학생들과 접촉하여 김규식의 파리행을 전하면서 독립운동을 권유했다. 일본에서 일어난 유학생들의 2.8독립선언 배후에는 신한청년당이 있었다. 2.8독립선언서는 이광수가 작성했다. 중앙학교에서 송계백이 현상윤, 송진우와 만난 일은 여운형의 활동에서 비롯된 것이다. 여운형은 만주와 연해주에 파견되어 박은식, 이동휘, 김약연 등과 만나 만주에서 대한독립선언서무오독립선언가 발표되는 것에 촉매 역할을 했다. 그는 시베리아에 주둔한 연합군 사령관인 가이다 장군을 찾아가 한국독립운동에 대한 협조도 얻었다. 여운형을 비롯한 신한청년당의 활동이 3.1운동을 촉발시킨 시발점이었다. 그렇게 신한청년당은 대한민국 임시정부의 모체가 되었다.

여운형의 두드러진 활동을 본 일제는 그를 회유하고자 일본 동경으로 초청했다. 그러자 독립운동가 사이에서는 여운형이 일제의 초청에 응하지 않아야 한다는 반대 의견이 많았다. 하지만 여운형은 일본을 방문해 수도인 도쿄 한복판에서 공개적으로 한국의 즉시 독립을 주장했다. 대한민국 임시정부 외교 차장의 신분을 가진 여운형이 적의 심장부에 들어가 당당하게 한국의 독립을 주장한 사건은 큰 파문을 일으켰다. 여운형의 명성이 높아진 반면, 일본에서는 그로 인해 내각이 총사퇴하는 일까지 벌어졌다. 여운형은 1929년 상해에서 일본 영사관 경찰에 체포되

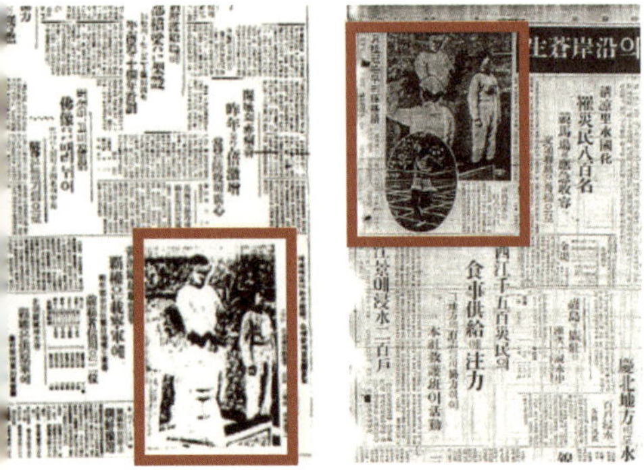

일장기가 지워진 손기정의 사진이 실린 1936년 8월 13일자 조선중앙일보(왼쪽) 4면 기사와 동아일보(오른쪽) 지방판 조간 2면 기사(출처: 위키피디아)

어 서대문형무소에서 복역했다. 1932년 7월에 석방된 그는 조선중앙일보 사장에 취임해 1936년 베를린올림픽 마라톤에서 우승한 손기정의 일장기를 지운 사진을 내보내기도 했다. 그 결과 조선중앙일보가 폐간되었다. 조선중앙일보사 건물은 조계사 맞은편 견지동 NH농협은행 중앙사업부 건물로 남아 있다. 여운형은 이후 국내에서 비밀 독립운동 조직을 만들어 해방 직전까지 국내에 유일했던 전국적인 독립운동 조직 '조선건국동맹'으로 발전시켰다.

파리강화회의에 김규식을 파견하고 2.8독립선언, 3.1운동을 촉발시킨 여운형은 평생을 조국의 독립운동을 위해 노력한 분이었다. 그가 암살을 당하지 않았더라면 해방 이후의 역사는 어떻게 변했을까? 그의 집터임을 알리는 표지석 앞에서 안타까운 죽음을 추모했다.

3.1운동을 주도한 천도교: 손병희 집터, 천도교중앙대교당, 보성사터

여운형의 집터에서 서쪽으로 재동초등학교를 향해 걸어간다. 재동초등학교는 우리나라에서 오래된 소학교 가운데 하나다. 가장 오래된 학교는 1894년에 세워진 운현궁 남쪽의 교동소학교이고, 재동소학교와 사직단 북쪽에 있는 매동소학교는 1895년에 문을 열었다. 소학교가 이 지역에 가장 먼저 세워진 것은 왕실이나 고위 관료의 자제들을 위한 신교육의 필요성이 컸기 때문이다. 재동초등학교 옆 가회동 주민센터와 청남문화원 일대는 천도교 3대 교주인 손병희의 집터로, 1919년 2월 28일 3.1운동 하루 전날 독립선언서에 서명한 33인 가운데 23명이 모여 독립선언식 절차를 협의했던 곳이다.

탑골공원에 있는 3.1운동의 지도자 손병희 동상

1897년 동학 3대 교주에 취임한 손병희1861~1922는 일진회를 만들어 친일 행적을

한 이용구 등을 과감히 출교시키고 동학을 천도교로 재탄생시켰다. 그리고 1908년 9월에 북촌 가회동으로 이사한 다음, 1910년 현재 덕성여중 자리에 중앙총부를 세웠다. 그는 박인호, 최린을 비롯한 천도교 주요 간부들을 북촌으로 이사해 살게 했다.

천도교는 교주 손병희를 중심으로 체계적인 조직을 갖추었다. 보성학교, 동덕여학교를 비롯한 학교를 운영하고 천도교 월보사, 개벽사, 청년회, 출판문화사업 등을 펼치며 적극적인 사회 활동을 했다. 1919년 당시 약 300만 명의 신도를 가진 천도교의 교주 손병희는 3.1운동이 일어나기 직전까지 한국인 가운데 사회적 영향력이 가장 큰 인물이었다. 1910년대 초부터 독립운동을 준비한 그는 세부 계획을 권동진, 오세창, 최린, 이종일 등 측근에게 일임하고 자신은 박영효, 한규설 등 저명인사와 접촉해 항일운동에 동참할 것을 호소했다. 1919년 2월 24일, 기독교 지도자인 이승훈과 함태영이 최린을 찾아와 천도교와 기독교의 연대를 최종 확정하고, 독립운동의 추진 방법과 세부 내용을 합의했다. 손병희는 중앙 조직이 약했던 기독교 측의 요청을 받아들여 당시로서는 거금인 5천 원을 지원해 주었다. 그의 통 큰 결단으로 종교계가 하나로 힘을 모아 3.1운동을 준비할 수 있었다.

그는 3.1독립선언을 앞두고 천도교 간부들에게 이렇게 다짐을 시켰다.

"우리가 만세를 부른다고 당장 독립이 되는 것은 아니오. 그러나 겨레의 가슴에 독립 정신을 일깨워 주어야 하기 때문에 이번 기회에 꼭 만세를 불러야 하겠소."

손병희는 3.1운동의 주모자로 3년 형을 언도받고 옥고를 치렀다. 그는 서대문형무소에서 온갖 고문을 받아 건강이 악화되어 1920년 10월 병보석으로 출옥했으나, 고문 후유증과 수감 생활의 여독으로 1922년 5월 19일에 병사하고 말았다. 3.1운동 직후 임시정부 수립운동이 일어났을 때 대통령으로 추대되기도 했던 손병희는 단순히 한 종교의 지도자를 넘어, 한 시대를 이끈 인물이었다. 그의 집터에서 북촌로를 따라 남쪽으로 걸어가면 천도교중앙대교당이 있다.

1945년 12월 24일, 김구는 천도교중앙대교당에서 천도교 인일손병희가 최시형으로부터 교주직을 승계받은 날 기념식에 참석하여 이 건물의 의미를 이렇게 강조했다.

"이 대교당이 없었다면 3.1운동도 없었고, 3.1운동이 없었다면 상해 임시정부가 없었고, 상해 임시정부가 없었다면 대한민국의 독립도 없었을 것입니다. 천도교 정신으로 새 나라를 세워야 합니다."

명동성당, 조선총독부 청사와 더불어 일제강점기 서울의 3대 건물로 꼽혔던 천도교중앙대교당에 대해 김구가 이렇게 말한 데는 이유가 있다. 1918년 12월에 공사를 시작한 이 건물은 천도교 300만 교도가 1가구당 10원씩 내어 모은 성금 가운데 22만 원으로 지어졌다. 이 성금은 천도교가 준비 중이던 독립운동에 쓰일 자금이기도 했다. 기독교 측에 5천 원을 준 것도 이 건물의 건축 자금에서 나왔다. 3.1운동이 거대한 민족운동으로 발전할 수 있었던 것은 독립선언문을 대량으로 인쇄해 배포한 노력 덕분이다. 비싼 종이 값과 인쇄비를 감당하며 독립선언서 작성과 인쇄를 진행한 것도 천도교였다.

천도교중앙대교당

천도교중앙대교당은 3.1운동으로 건축이 지체되다가 1921년 2월에 준공되었다. 이곳은 항일운동의 거점인 동시에, 손병희의 사위인 방정한이 어린이운동을 일으킨 곳이기도 하다. 건물은 붉은 벽돌을 주재료로 하고 화강암을 섞어서 지은 덕에 색과 재질감의 조화가 뛰어나다. 내부 강당은 철근 앵글을 사용해 중간에 기둥이 없다.

이종일 집터에 있는 독립선언문 배부터 표석

천도교중앙대교당과 수운회관으로 이루어진 천도교타운 입구에는 '독립선언문 배부터'라는 표지석이 있다. 이곳은 3.1운동의 또 다른 주역이었던 옥파 이종일 선생의 집터였다. 이종일 선생은 1919년 천도교 월보를 제작하던 출판 인쇄소인 보성사 사장이었다. 그는 보성사에서 독립선언문을 비밀리에 인쇄한 후, 일제 경찰의 눈을 피해 자신의 집으로 가져와 성공리에 배포해 3.1운동이 전국적으로 확산될 수 있게 만든 공로자였다. 조계사 서쪽에 위치한 수송공원에는 보성사가 있었는데, 현재는 이종일의 동상이 있다. 수송공원에 가서 그분에게 감사의 인사를 올렸다.

만세 시위의 현장: 숭동교회, 탑골공원, 서울역 광장

우정국로를 따라 남쪽으로 걸어 내려와 조계사 앞 교차로를 건너면, 여운형이 사장으로 근무했던 조선중앙일보 건물이 보인다. 인사동 5길을 따라 걸으면 종로경찰서 옆에 있는 태화빌딩이 눈에 들어온다. 태화빌딩 자리에는 민족 대표들이 모여 3.1독립선언서를 낭독한 태화관이 있었다. 건물 1층에는 당시 모습을 그린 그림이 전시되어 있어 이곳의 역사를 설명해 준다. 1919년 당시 유명한 요릿집이었던 태화관에 모인 민족 대표들은 독립선언서를 낭독한 후, 일제경찰에 전화를 해서 스스로 연행되었다. 처음에는 탑골공원에서 독립선언서를 낭독하고 만세 시위를 함께할 계획이었으나, 유혈 사태를 우려해 태화관으로 장소를 옮긴 것이다.

3.1독립선언서가 발표된 태화관터에는 현재 태화빌딩이 들어서 있다.

그러자 강기덕1886~? 등 탑골공원에서 독립만세 시위를 준비하던 학생들이 태화관에 찾아와 항의를 하기도 했다. 3.1운동을 이끈 주역에는 천도교, 기독교, 불교 3대 종교 지도사들뿐만 아니라 학생들도 있었다. 일제의 집회 및 단체 활동 금지 조치로 1919년 당시 조직적인 활동을 할 수 있는 사람들은 종교인과 학생뿐이었다. 요즘의 중고등학교와 대학생에 해당하는 고등보통학교 학생들과 전문학교 학생들이 그들이다. 당시 북촌 주변에는 중앙, 보성을 비롯한 많은 학교가 모여 있었다. 종교인과 학생들이 만나 의기투합해 독립운동을 이끈 것이다.

태화관 뒷골목에서 동쪽으로 조금만 걸어가면 3.1운동 학생단 대표인 김원벽이 다녔던 승동교회가 있다. 종로 피맛골에 있던 승동교회는 1893년에 세워져 새문안교회, 연동교회 다음으로 오랜 역사를 갖고 있다. 1919년 2월 20일, 교회 1층 밀실에서 경성의 각 전문학교 대표자 20여 명이 모여 3.1운동의 지침과 계획을 논의했다. 2월 28일 밤에는 당일에 있을 현장 조직 동원과 독립선언서 배포 계획 등을 점검하는 학생 간부회의가 열렸다. 종로 이북은 불교 학생, 종로 이남은 기독교 학생, 남대문 밖은 천도교 학생이 맡아 배포하기로 결정했다.

3.1운동으로 많은 학생과 교인이 투옥되자, 당시 승동교회 차상진 목사가 조선의 독립을 요구하는 글을 조선총독부에 제출했다. 차

승동교회는 3.1운동을 이끈 학생들의 모임 장소였다.

상진 목사도 옥고를 치러야 했고 이후 승동교회는 일제 경찰로부터 수색을 당하기도 했다. 3.1운동에 참여한 민족 대표 기독교 측 인물들은 평안도 지역 감리교와 장로교 출신들이 다수였지만, 학생들의 독립운동을 지지해 준 승동교회 사람들도 3.1운동의 숨은 공로자였다.

고종이 1919년 1월 12일에 죽자, 그의 장례식인 국장이 3월 3일로 결정되었다. 장례식을 보기 위해 전국에서 많은 사람들이 서울로 모여들었다. 손병희 등이 만세 시위 날짜를 3월 1일로 선정한 것은 이날이 왕실의 초상을 치를 때 사용하는 상여인 대여大輿 운구 예행 연습을 하는 날이기 때문이었다. 평소보다 많은 사

독립선언서가 낭독된 탑골공원 팔각정

람들이 도성 안에 밀집한 3월 1일 오후 2시, 탑골공원에서 수천 명의 학생과 시민이 운집한 가운데 독립선언식이 거행되었다. 누군가 팔각정에 올라가 독립선언서를 낭독하고 독립만세를 부르자, 학생과 시민들은 "조선독립만세!", "대한독립만세!"를 외쳤다.

시위대는 탑골공원을 출발해 종로를 거쳐 덕수궁 대한문으로 향했다. 수많은 군중이 시위 대열에 합류함으로써 만세 시위는 대대적인 독립운동으로 발전했다. 시위대는 선은전 광장을 향해 나아갔다. 선은전 광장을 지나면 남산 조선총독부로 갈 수 있었다. 수천 명의 만세 시위대가 움직이자 일제 경찰이 선은전 광장에서 이들을 저지했다. 시위대 일부가 저지선을 뚫기도 했지만, 용산 조선군사령부에서 보병 3개 중대와 기병 1개 소대를 긴급히 추가 배치함으로써 시위대는 강제 해산되고 말았다. 이날 저녁 마포 전차 종점, 신촌 연희전문학교 부근, 종로 네거리 등에서는 밤늦게까지 독립만세 시위가 이어졌다. 3.1운동 현장인 탑골공원 담장에는 그날의 만세 시

탑골공원에 있는 3.1운동 기념 부조

위를 떠올리게 하는 부조들이 있다. 일제 헌병과 경찰의 총칼의 위협을 무릅쓰고 독립만세를 외칠 용기는 어디에서 나왔을까? 일제 통치에 대한 분노, 민족의 자존심, 정의감, 조국에 대한 사랑 등 어떤 것에서 비롯되었을지는 각자 다르겠지만 조국의 독립을 바라는 마음만은 같았을 것이다.

고종의 국장은 3월 3일에 예정대로 실시되었다. 고종에 대한 예의 때문이었는지, 이날 만세 시위는 없었다. 3월 5일은 삼우제 날로, 상주인 순종이 고종의 무덤인 홍릉으로 가서 혼백을 모셔 오는 날이었다. 그리고 삼우제를 끝으로 장례 행사가 끝나기 때문에, 장례식에 참석하기 위해 전국에서 상경한 군중들은 이날 남대문역서울역에서 기차를 타고 돌아가려고 했다.

3월 5일, 학생들이 두 번째 만세 시위를 준비했다. 삼우제를 맞아 남대문역과 덕수궁 대한문 사이에 1만 군중이 모였는데, 학생단 대표로 연희전문학교 김원벽과 보성법률상업전문학교 강기덕이 각각 인력거를 타고 '조선독립'이라는 글자를 크게 쓴 기를 휘두르며 달려와 2차 만세 시위를 전개했다. 군중들도 일제히 독립만세를 불렀다. 김원벽과 강기덕의 지휘에 따라 독립만세를 부르며 남대문 방향으로 시가행진을 했다. 3월 1일의 1차 시위 때와 달리 수많은 깃발이 등장했고 붉은색 천을 팔뚝에 둘러 분위기를 돋우는 학생들이 많았다. <조선독립신문>, <각성호회보> 등

전단 신문들이 뿌려졌다. 학생들은 이날의 시위를 철저히 준비했다. 여학생들도 독립선언문을 배포하고 만세 시위가 시작됨을 곳곳에 알렸다.

남대문 앞에서 시위대를 저지하기 위해 출동한 일제 헌병에 의해 김원벽, 강기덕 등 지도부가 체포되었다. 그럼에도 시위대 중 한 무리는 남대문시장에서 조선은행 앞을 지나 종로 보신각으로, 또 다른 사람들은 남대문에서 대한문 앞을 지나 종로 보신각으로 향했다. 대한문 앞에서 1만 명에 이르는 군중이 만세 시위를 벌였고, 종로 보신각 앞에서는 정오 무렵 여러 대로 나뉘어졌던 시위대가 집결하여 독립만세를 불렀다. 일제 헌병과 경찰에 의해 강제 해산 당하기도 했지만 시위는 밤늦도록 진행되어 시위대의 일부는 동대문 쪽으로 가서 홍릉에서 돌아오는 순종을 맞이하기도 했다. 이날의 시위는 기차를 타고 고향으로 돌아가는 군중들에게 만세 시위를 전파하는 계기가 되었다. 한번 불이 붙은 만세 시위는 세계를 놀라게 할 정도로 활활 타올랐다. 민중과 지식인의 반향을 일으켜 전국적 시위로 확산되었고 사상 최대 규모의 독립운동으로 발전했다. 박은식은 《독립운동지혈사》에서 수개월간 지속된 3.1운동에 참여한 시위 인원이 약 200만 명이었으며 7,509명 사망, 1만 5,850명 부상, 4만 5,306명이 체포되었다고 기록했다.

민중들이 자발적으로 참여한 3.1운동은 한국사의 물줄기를 바꾼 거대한 운동이었다. 한국인을 열등한 민족으로 동물 같다고 폄하하던 일본은 한국인의 거센 저항에 크게 놀랐다. 3.1운동은 국제 사회에 식민지 한국이 처한 실상을 제대로 알렸을 뿐 아니라 중국의 5.4운동과 인도의 비폭력불복종 운동 등에 영향을 끼쳤다.

3.1운동이 무엇보다 중요한 것은 종교와 계급, 지역 없이 모두가 하나로 뭉쳐 독립을 외침으로써 민족의 힘을 발견한 운동이기 때문이다. 3.1운동에서 여성의 역할도 컸다. 독립선언문 배부는 물론, 만세 시위를 주도한 여성들도 많았다. 다수의 여성들이 사회를 바꾸는 운동에 적극적으로 참여한 것은 우리 역사상 3.1운동이 처음이다. 이후 여성들의 사회 참여는 크게 늘어났다. 이처럼 독립운동의 방향을 바꾼 3.1운동은 민중이 주인임을 선언했고, 그 결과로 탄생한 대한민국 임시정부는 대한제국의 부활이 아닌 새로운 민주공화정부였다. 한국 역사상 최대의 독립운동인 3.1운동의 현장 탑골공원에서 종로를 지나 서울역 앞까지 걸으면서 그날의 일을 떠올려 보았다.

2

독립운동가를 찾아서

답사 코스

효창공원
의열사
삼의사 묘역
백범김구 묘역
임정요인 묘역
백범김구
기념관
이봉창 의사
동상
효창운동장
이봉창 집터
이봉창 의사
역사울림관
⑥
효창공원앞역

소시민, 독립운동가가 되다: 이봉창 의사 역사울림관

6호선 및 경의중앙선 효창공원앞역 1번 출구로 나오면 이봉창 의사 역사울림관백범로 281-9이 보인다. 안중근 의사와 윤봉길 의사 기념관은 크게 만들어져 있지만, 이봉창1900~1932 의사 기념관은 오랫동안 없었다. 그러다가 2020년 10월 21일에 그의 집터KCC 스위첸아파트 102동 근처에 역사울림관이 만들어졌다. 지상 1층, 연면적 70제곱미터23평 크기로, 다른 독립투사 기념관에 비해 너무 작아 역사울림관으로 이름 지었다고 한다. 이봉창 의사에게 왠지 미안해지는 기념관이지만 없는 것보다야 백번 낫다.

역사울림관은 이봉창 의사 기념사업회에서 전시 기획과 전시 내용을 자문해 만든 만큼, 규모는 매우 작지만 나름 볼 것이 많다. 이봉창의 부친 이진규는 건축청부업, 우차운반업을 경영하며 조선 왕실의 건축을 청부받을 정도로 재산을 가지고 있었다. 하지만 투병 생활을 하면서 홍수로 인한 손실과 사기 피해까지 입어 가세가 기울었다. 그래서 이봉창은 천도교에서 세운 문창보통학교에 입학해 15세에 졸업했으나 상급학교 진학을 포기하고 생업 전선에 뛰어들게 된다. 원효로에 있는 일본인 과자점 점원부터 시작해 약국 점원, 용산역 말단 일꾼으로 일했다.

이봉창 의사 역사울림관

청년 시절 이봉창은 평범한 식민지인으로 살았다. 용산역에서 열심히 일한 덕에 꾸준히 승진도 했다. 하지만 그는 점점 일본인이 한국인을 차별하고 있음을 실감한다. 일을 잘해도 승진과 봉급, 상여금 등에서 일본인과 다른 대우를 받자 불만을 갖게 되었다. 차별을 비관하며 주색과 도박에 빠졌다가 1924년 4월엔 직장을 그만두었다. 1년 반 동안 실업자로 지내던 그는 1925년 11월에 일본 오사카로 건너갔지만 그곳에서도 차별은 마찬가지였다. 가스 회사, 간장 가게에서 일하고 부두 노동자, 공장 잡부 등을 전전하던 그의 인생에 변화는 우연히 찾아왔다.

1928년 11월, 교토에서 거행된 히로히토 일왕 즉위식을 구경하러 갔다가 국한문 혼용 편지를 갖고 있다는 이유만으로 유치장에 10일이나 수감된 것이다. 이 사건을 계기로 이봉창은 자신이 차별받고 있다는 것을 더욱 확실히 깨달았다. 일반 국민이라면 나라가 없어도 당장 개인 생활에서 불편을 못 느낄 수도 있다. 하지만 자신이 직접 나라 없는 설움을 겪으면 그때부터 조국의 소중함을 느낄 수밖에 없다. 이봉창도 마찬가지였다. 이때부터 조국의 독립에 관심을 갖게 된 그는 대한민국 임시정부가 있다는 소식과 마침 상하이에 있는 영국 전차 회사에서 한국인을 우대한다는 소식을 듣고 1930년 12월에 상하이로 갔다. 그곳에서 대한민국 임시정부 국무위원인 김구를 만난다. 김구는 그를 한인애국단 1호 단원으로 가입시켰다. 이봉창은 자기 소신대로 일왕을 폭탄으로 죽이겠다는 계획을 추진했다. 1931년 12월 13일, 안중근의 동생인 안공근 집에서 양손에 수류탄을 들고 선

효창공원에 있는 이봉창 의사 동상

서식을 마친 뒤 12월 17일에 일본 동경으로 향했다.

1932년 1월 8일, 이봉창은 동경 요요기 연병장에서 만주국의 괴뢰 황제 푸이와 관병식을 끝내고 경시청 앞을 지나는 히로히토 일왕을 향해 수류탄을 던졌으나 아쉽게도 명중하지 못했다. 그는 체포되어 형무소에 수감되었다. 이 사건으로 이누카이 쓰요시 내각이 총사퇴를 선언할 정도로 일제에게 충격을 주었다. 비공개 재판에서 이봉창은 사형 선고를 받고 10월 10일에 이치가야 형무소에서 순국했다.

한편 이 사건을 보도한 중국 국민당 기관지 <국민일보>를 일본 군대와 경찰이 습격해 파괴하면서 중일 관계가 악화된다. 그러자 국민당 정부는 대한민국 임시정부에 관심을 가지며 경제적 지원을 해 주었다. 이에 따라 임시정부는 활기를 띠고 독립운동 자금 모집도 활발해졌다. 이봉창 의사의 의거는 윤봉길 의사 의거를 비롯한 항일 투쟁의 도화선이 되었고 광복군 창설에도 영향을 끼쳤다. 이봉창 의사의 유해는 해방 이후 조국에 송환되어 1946년 7월 6일, 국민장으로 모셔져 효창원에 안장되었다. 그의 의거는 한국인의 가슴에 독립의 의지를 다시 불타오르게 하는 큰 울림이 되었다.

유해로 돌아온 독립운동가를 뵙다: 효창공원 삼의사 묘역

이봉창 의사 역사울림관을 나와 효창공원길을 따라 걸으면 효창운동장이 나온다. 1960년에 만들어진 효창공원 내 체육 시설이다. 효창운동장을 포함한 공원 전체를 둘러싼 길은 임정로로 불린다. 임정로를 따라 왼쪽으로 걸어 올라가면 백범김구기념관이 보인다. 대한민국 임시정부 주석을 지낸 김구는 우리나라 독립운동을 대표하는 분이다. 그의 생애를 볼 수 있는 기념관을 둘러보면 한국 독립운동사, 특히 대한민국 임시정부 역사의 흐름을 알

효창공원 내 백범기념관에 있는 김구 동상

수 있다. 백범김구기념관 건물 옆에는 김구의 묘소가 있다. 건물에서도 창문을 통해 묘소를 볼 수 있게 만들어 놓았지만, 나는 직접 그의 무덤을 찾아가 묵념을 올렸다. 감사하고, 또 너무 일찍 돌아가셔서 아쉽다고.

백범김구기념관과 효창운동장을 포함한 넓은 공원 전체가 효창공원이다. 이곳은 1786년 5월에 사망한 정조의 장남 문효세자의 무덤인 효창원이 있던 곳이다. 같은 해 문효세자의 생모인 의빈 성씨가 죽자 그녀의 무덤인 의빈묘도 효창원 왼쪽 언덕에 조성되었다. 또 1829년에는 순조의 딸 영온옹주의 옹주묘가 조성되고, 1854년에는 영온옹주의 친모 숙의 박씨의 숙의묘도 만들어졌다. 정조가 자주 찾았던 효창원은 조선 왕실의 가족묘다. 주변에는 무덤을 보호하기 위한 숲이 우거져 있었다.

일제는 사람이 살지 않는 곳이면서 한양도성과도 가까운 이곳에 군대를 주둔시키고, 일본인을 위한 공원과 행사장을 만들었다. 1944년에는 효창원 내 1원, 3묘가 서삼릉으로 옮겨지는 바람에, 해방 후 일제가 물러났을 때 이곳은 사실상 공터나 다름없었다.

해방 직후에는 국립묘지가 따로 없었기 때문에 애국지사들을 모실 장소가 정해져 있지 않았다. 한국광복청년회에서 이준, 안중근, 이봉창, 윤봉길, 백정기 순국 5열사 포스터를 만들어 일제의 탄압에 목숨으로 저항한 순국열사를 추모하자고 나섰다. 그러자 대한민국 임시정부 주석이었던 김구는 시민들이 쉽게 다가갈 수 있는 효창공원에 애국지사의 묘소를 만들고자 했다. 김구는 순국선열의 유해를 고국으로 송환하는 일에도 앞장섰다. 김구는 재일본조선거류민단 단장인 박열에게 일본에 있는 윤봉길, 이봉창, 백정기 세 분의 유해 발굴과 봉환을 요청했다.

삼의사 묘역에는 현재 윤봉길, 이봉창, 백정기 세 분의 유해가 모셔져 있다.

1946년 5월 15일, 마침내 부산항에 세 분의 유해가 도착했다. 6월 15일에 부산 공설운동장에서 추도회가 열렸고 다음 날 영결식이 거행된 뒤, 서울에 도착해 태고사현 조계사에 안치되었다. 그리고 7월 6일에 국민장으로 모셔져 효창공원에 안장된다. 해방 후 처음 열린 순국선열 세 분의 장례는 전 국민의 관심 속에 조선 시대 국장 못지않게 치러졌다.

효창공원 안 삼의사 묘역에 가서 참배를 했다. 그런데 무덤은 총 4기다. 하나는 훗날 안중근 의사의 유해를 찾게 되면 사용할 빈 무덤이다. 1909년 하얼빈역에서 조선 침략의 원흉 이토 히로부미를 사살한 안중근1879~1910 의사는 뤼순 감옥에서 순국했다.

하지만 아직 그의 유해는 찾지 못하고 있다. 삼의사 묘역에 안치된 윤봉길, 백정기 의사의 삶을 살펴본다.

윤봉길1908~1932 의사는 어려서 한학을 공부했고, 1929년 서당인 오치서숙을 졸업한 후에는 농촌 부흥운동, 야학 활동, 독서회 운동을 했다. 하지만 그는 곧 나라가 독립이 되기 전에는 일제의 압박으로 성공할 수 없음을 깨닫는다. "장부가 뜻을 품고 집을 나서면 살아 돌아오지 않는다丈夫出家生不還"라는 글귀를 남기고 만주를 거쳐 상하이로 간 윤봉길 의사는 그곳에서 채소 장사를 하다가 1931년 김구를 만나 한인애국단에 가입했다.

1932년 홍커우 공원으로 향하기 전에 한 손에는 수류탄, 다른 한 손에는 권총을 들고 태극기 앞에서 절명사를 가슴에 붙이고 찍은 윤봉길 의사의 사진(출처: 위키피디아)

윤봉길 의사는 1932년 4월 29일 상하이 홍커우 공원에서 거행하는 일왕의 생일과 일본의 중국 침략 승리를 기념하는 식장에 폭탄을 던졌다. 일본군 상해 침략군사령관 시라카와 요시노리 등이 그 자리에서 즉사했다. 윤봉길은 즉시 체포되어 일본으로 끌려가 1932년 12월 19일

순국했다. 그의 의거는 한국인은 물론 중국인과 일본인에게도 큰 충격을 주었다. 중국 국민당 장제스는 "중국의 30만 대군도 해내지 못한 일을 한국인 청년 윤봉길이 해내다니, 참으로 기적 같은 일이 아닐 수 없다"라며 그를 극찬했다. 반면 일제는 임시정부를 더욱 탄압했다. 임시정부는 결국 충칭까지 옮겨 다녀야 했다.

1962년 대한민국 정부는 그에게 김구와 똑같은 건국훈장 대한민국장1등급을 추서했다. 서울 서초구 양재 시민의 숲에 1987년 윤봉길 의사 기념관도 세워졌다. 그런데 윤봉길 의사의 의거에 대한 이승만의 반응이 매우 놀랍다. "그의 행동은 어리석은 짓이며, 일본의 선전 내용만 강화시켜 줄 뿐 한국의 독립을 가져다주지 못할 것이다"라고 비판했다. 이승만의 이런 생각 때문인지, 최근 안중근 의사를 테러리스트라고 폄하하는 친일 매국노들이 나타나 사람들의 눈살을 찌푸리게 하고 있다. 과거사에 대한 평가는 냉정해야 하고, 현실은 현실대로 직시해야 한다. 지금은 우리가 일본과 협력해야 하지만, 그렇다고 과거 일본의 잘못까지 옹호해서는 안 된다.

백정기1896~1934 의사는 어려서 한문을 공부했고, 1919년 3·1 운동이 일어나자 독립선언문을 가지고 고향인 전라도 고부군에서 독립만세 시위를 이끌었다. 그는 상해에서 이회영 등과 재중국 무정부주의자연맹을 결성하여 노동 운동과 아나키스트 운동을 펼쳤다. 또한 1932년에 비밀 결사 단체인 흑색공포단 활동을 하며 일제에 대한 파괴 공작을 추진했다.

그는 윤봉길의 홍커우 공원 폭탄 투척 사건 당시에도 동일한 시도를 준비했으나, 공원 입장권을 구하지 못해 거사를 실행하지 못했다. 이후 1933년 3월 17일 상해에서 중국의 친일분자들과 주중 일본대사를 암살하려다가 발각된다. 일본 나가사키로 이송되어 무기징역을 선고받고 형무소에서 옥고를 치르던 중 폐결핵이 악화되어, 1934년 6월 5일 39세로 순국했다.

안중근, 이봉창, 윤봉길, 백정기와 같은 독립투사들이 있었기에 오늘의 우리가 있다. 삼의사 묘역에서 감사의 인사를 올리고 임시정부요인 묘역으로 향했다.

임시정부 요인들의 무덤을 찾아서: 효창원과 현충원, 임시정부요인 묘역

김구의 주도하에 세 분의 의사를 모시고 2년이 지난 1948년 9월 22일에 이동녕, 차리석, 민병길, 김구의 모친 곽낙원, 김구의 부인 최준례, 장남 김인의 유해가 중국을 출발해 인천 부두로 들어왔다.

민병길1884~1942은 1920년대 베이징 일대에서 다물단 단원으로 활약했고 난징에서 신익희 등과 한국혁명단 창당 및 철혈단을 조직하여 일본에 대항했으며, 대한민국 임시정부 의정원 상임위원으로 활동했다. 곽낙원1859~1939은 독립운동을 후원하고 손자 둘을 데리고 상해로 망명해 중앙군관학교 낙양분교에서 청년을 돌보며 고락을 함께한 분으로, 임시정부의 어머니 역할을 해낸 주체적이고 독립적인 여성이자 존경받는 독립운동가다. 김인1917~1945은 군관학교에 입교해 훈련을 받은 후, 임시정부 비밀 공작원으로 정보 수집 활동을 하다가 광복을 몇 달 앞둔 1945년 3월 29일에 29세 나이로 요절했다. 이분들의 유해는 서울 경교장으로 옮겨져 합동 위령제를 올렸고, 이동녕과 차리석의 유해는 사회장社會葬으로 치른 후 효창공원 묘역 가운데에 있는 옛 의빈묘터에 모셔졌다.

이동녕1869~1940은 일찍이 독립협회에서 활동하며 조성환 등과 함께 비밀 결사 조직인 신민회 활동 등 국권회복운동을 전개한 분이다. 만주 삼원보로 망명해 이회영 형제, 이상룡과 함께 경학사와 신흥무관학교를 설립해 초대 교장으로 활동했다. 그리고 대종교에 가입해 무오독립선언서 대표 39인에 참여하기도 했다. 1919년 대한민국 임시정부 임시의정원 초대의장, 국무총리, 대통령 권한대행, 국무령, 주석 등을 지낸 임시정부의 산증인과도 같은 분이다. 그는 1940년에 급성폐렴과 과로로 72세에 영면했다.

차리석1881~1945은 신민회 활동을 하다가 1911년의 105인 사건으로 3년간 복역했다. 대한민국 임시정부의 독립신문 편집국장을 역임하고 1932년 임시정부 국무위원, 1935년 임시정부 비서장에 선출되어 1945년까지 활동했다. 그해 8월 충칭에서 조국의 광복 소식을 듣고 귀국 준비를 하다가 과로로 쓰러져 9월 9일에 조국 땅을 밟기 전 사망했다.

임시정부 군무총장을 역임하여 광복군 창설에도 크게 기여한 조성환1875~1948이 1948년 10월 7일에 자신의 거처인 낙산장에서 숨지자, 훈련원에서 사회장을 거행한 뒤 임시정부요인 묘역에 함께 묻혔다. 조성환은 북로군정서 군사부장으로 청산리전투에서도 공을 세운 분으로, 대한독립군 부총재 등을 역임하며 무장독립 투쟁에 앞장섰다.

김구는 임시정부 요인들의 유해를 효창공원에 모셔 이곳을 국립묘지처럼 만들려고 했다. 그런데 1949년 6월 26일, 그가 안두희의 총탄에 피격되어 숨지면서 무산되었다. 그의 장례는 7월 5일에 서울운동장에서 국민장으로 거행되었고, 생전에 그가 애정을 쏟은 효창공원 안 신설 묘역에 안상되었다.

현재 효창공원에는 김구 묘소 외에도 삼의사 묘역에 이봉창, 윤봉길, 백정기 의사 세 분과 임시정부요인 묘역에 차리석, 조성환, 이동녕 세 분이, 의열사에는 일곱 분의 영정이 모셔져 있다. 차리석의 부인 강리성 여사, 김구의 부인 최준례 여사의 유해도 합장되어 있다.

해방 후에도 이어진 독립운동가들의 수난: 효창공원

해방 이후 4년 남짓한 기간 동안 효창공원은 김구의 구상대로 순국애국열사의 묘역으로 탈바꿈했다. 그런데 김구가 죽자, 순국애국열사 추모 공간은 크게 변했다. 6.25전쟁 중에는 용산 중공업 단지에서 북한이 군수 물자를 생산할 것을 염려한 미군에 의해 문배동, 신계동, 원효동, 용문동 일대가 공중 폭격을 받아 초토화 되었다. 주변이 황폐화되자 효창공원도 가혹한 수난을 겪게 된다. 9.28서울 수복 직후 희생자들을 암매장한 무덤들이 늘어나 효창공원 안에 200여 기의 봉분이 들어선 것이다. 피난민과 집을 잃은 사람들까지 효창공원 곳곳을 무단 점거해 판잣집을 짓고 살았다. 1953년에는 UN전우탑이 효창공원 내에 만들어질 뻔했다. 현재 효창공원에는 암매장된 무덤이나 판잣집은 모두 없어졌지만, 정작 공원을 가장 크게 훼손한 효창운동장은 남아 있다.

효창운동장은 아마추어 축구 경기와 각종 행사가 열리는 경기장이다. 삼의사 무덤 남쪽 넓은 터에 자리 잡은 효창운동장은 어떻게 이곳에 만들어진 것일까? 김구가 좀 더 오래 살아 있었다면, 효창공원은 순국선열 묘역으로 남았을 것이다. 하지만 이승만 대통령은 효창공원에 있는 김구 묘를 비롯한 순국선열의 묘를 이장시키려 했다. 이와 관련된 일화가 전해진다.

서울에서 정부통령 선거의 참패가 확연하게 보이자 어느 고위 관리가 이승만에게 "각하, 이거 큰일입니다. 효창공원의 백범 묘지에 해마다 참배자가 늘고 있어 민심을 모으는 데 지장이 많습니다. 앞으로 어떠한 조치가 있어야 될 줄 아뢰오"라고 했다는 것이다. 그러자 이승만도 비서에게 선열 묘지 이장을 뜻하는 "방법을 강구하라"고 지시했다는 이야기가 경향신문에 보도되었다. 이승만 정권은 1954년, 축구장, 정구장, 수영장, 배구장, 실내 체육관을 아우르는 5만 평의 종합운동장을 효창공원에 만들려는 계획을 세웠다. 스포츠 시설 건설이 아닌 순국선열 묘를 서울에서 먼 곳으로 이장시키는 것이 중요한 목적이었다. 친일파가 득세했던 이승만 정권에게 순국선열 묘가 서울 시내에 있다는 것이 눈에 거슬렸는지도 모른다. 이승만 정권은 본래 김구의 묘소 등을 이장하여 운동장을 지으려고 했지만, 시민 단체와 유족들의 반발이 거세지자 이장을 실시하지는 못했다.

효창공원 내 효창운동장

그런데 제2회 아시아축구선수권대회를 한국이 개최하는 것으로 결정되자, 당장 국제 규격의 축구 경기장 시설이 필요해졌다. 이를 핑계로 이승만 정권은 1959년부터 약 8천 평 대지 위에 2만 명의 관중을 수용하는 축구장을 짓기 시작했다. 김구 묘소와 삼의사 묘소 앞에 있는 15만 그루의 나무를 베고 연못을 메워 공사를 했다. 이승만은 1949년에 돌연 독립 유공자 선정 작업을 중단시키고, 8월 15일에 자기 자신과 임시정부 출신으로 당시 부통령이었던 이시영에게만 건국 훈장을 수여했다. 김구, 윤봉길, 이봉창 의사에 대해서는 아무런 상훈을 주지 않았다. 자신이 임시정부에서 탄핵된 기억과 김구에 대한 정치적 경쟁의식, 과거 양반

신분에 대한 의식 때문에 평민 출신이었던 이들을 폄하했던 것으로 보인다. 도리어 외국인들에게 빚을 졌다면서 미국과 중국 사람들에게 유공자 표창을 했다.

이승만은 정권 유지를 위해 친일파 출신을 대거 등용했다. 이들이 친일 논란을 희석시키기 위해 강조한 것이 '반공反共' 이데올로기다. 국립묘지인 현충원은 국군묘지로부터 출발했는데, 이승만 정권은 반공을 앞세워 6.25전쟁에서 죽은 7~8천 명의 군경에 대한 추모 시설을 만들었다. 이승만은 자신의 경쟁자였던 김구가 주도한 효창공원 성역화 작업을 못마땅하게 여겼다. 일제에 맞서 싸운 애국지사를 위한 추모 공간은 아예 만들지 않고 도리어 효창공원을 훼손시켰다. 만주군관학교 출신인 박정희 대통령도 효창공원을 그냥 놔두지 않았다. 1969년에 원효대사의 동상과 북한반공투사위령탑을 세웠다. 근처에 원효로가 있다는 이유에서다. 하지만 원효로는 일제강점기에 쓰였던 왜색 지명인 모토마치元町를 대체하기 위해서 아무런 연고도 없는 고승 원효대사의 이름을 가져다 쓴 것뿐, 효창공원에 원효대사의 동상이 들어설 이유는 없다. 1972년에는 새마을노인회관이 생기고 1975년 10월에는 고육영수여사경로송덕비 등이 들어서기도 했다. 효창공원이 홀대를 받고 훼손되는 사이, 국군묘지인 현충원은 날로 커졌다.

1965년에 현충원이 국립공원으로 격상되면서 애국지사도 현충원에 안장되기 시작했다. 그러나 현충원은 철저히 군대 계급에 따라 장군 묘역은 크게, 일반 장교나 사병의 묘는 작게 만드는 등 문제가 많았다. 게다가 국가유공자 묘역에는 친일파들이 다수 묻혀 있다. 대한민국 임시정부의 마지막 비서장인 조경한1900~1993은 "내가 죽으면 친일파가 묻혀 있는 현충원에 묻지 말고 동지들이 있는 효창공원에 묻어 달라"는 유언을 남겼다. 임시정부 요인을 위한 별도의 묘역이 만들어진 것은 1993년에 문민정부가 들

현충원 무후선열제단

어선 이후부터다. 박은식, 신규식, 노백린, 김인전, 안태국 5명의 유해를 상해 만국공묘에서 모셔 와 안장했고, 이후에는 이상룡, 홍진, 양기탁 등 18명의 유해를 임시정부 묘역에 안장했다. 현재 현충원에는 임시정부요인 묘역 외에 애국지사 묘역과 무후無後선열제단, 대한독립군무명용사위령탑이 있다.

2019년 대한민국 임시정부 수립 100주년을 맞이하여 서울시는 2024년까지 효창공원을 독립운동기념공원으로 재탄생시키겠다는 계획을 발표했다. 하지만 효창공원 성역화 작업에서 가장 큰 걸림돌인 효창운동장을 철거하려는 계획은 축구협회 등의 반대로 인해 무산되고 말았다. 효창공원을 성역화하자는 메모리얼 프로젝트를 진행하는 사람들도 있지만, 독립운동기념공원으로 재탄생하기에는 너무나 많은 난관들이 있다.

대한민국 헌법 전문에는 현재 정부가 대한민국 임시정부의 법통을 계승했다고 명시하고 있다. 하지만 현실에서는 독립운동가들의 자손들은 가난하게 살고 있고, 일제에 빌붙어 동포의 피를 빨아 부를 축적한 친일파의 자손들은 여전히 잘 살고 있다. 친일파의 잔재를 청산하지 못한 굴곡진 역사의 민낯을 효창공원에서 마주하게 된다. 뒤늦게나마 현충원에 임시정부요인 묘역과 애국지사 묘역 등이 만들어져 독립운동가 분들에 대한 송구함을 조금은 씻어냈지만 여전히 미흡하다.

효창공원이 독립유공자를 추모하고 독립운동 정신을 기억하는 공간이자 역사 교육의 장소로 거듭나기를 기원해 본다.

5장

관련 연표

한국사		세계사	
연도	중요 사건	연도	중요 사건
1945	8.15 광복, 조선건국위원회 조직	1949	북대서양조약기구(NATO) 창설
1948	8.15 남한 단독정부 수립	1955	바르샤바조약기구 창설
1949	김구 암살	1956	제2차 중동 전쟁
1950	6.25전쟁(~1953) 발발	1957	베트남 전쟁(~1975) 발발
1960	4.19혁명, 이승만 하야, 2공화국 탄생	1961	제1차 비동맹회의

혼란과 격동의 현장:
이화장, 경교장, 서대문형무소, 4.19기념탑

- 1945년 해방 이후, 해방 정국의 중심에는 이승만, 김구, 김규식 등이 있었다. 그들의 활동을 이화장, 경교장, 삼청장 등을 찾아가 살펴본다.
- 민주주의는 하루아침에 이루어지지 않았다. 탄압받은 민주주의의 현장인 서대문형무소와 민주주의의 승리를 기념하는 4.19기념탑을 찾아 대한민국 민주주의의 발전을 알아본다.

1

해방 정국의 현장

답사 코스

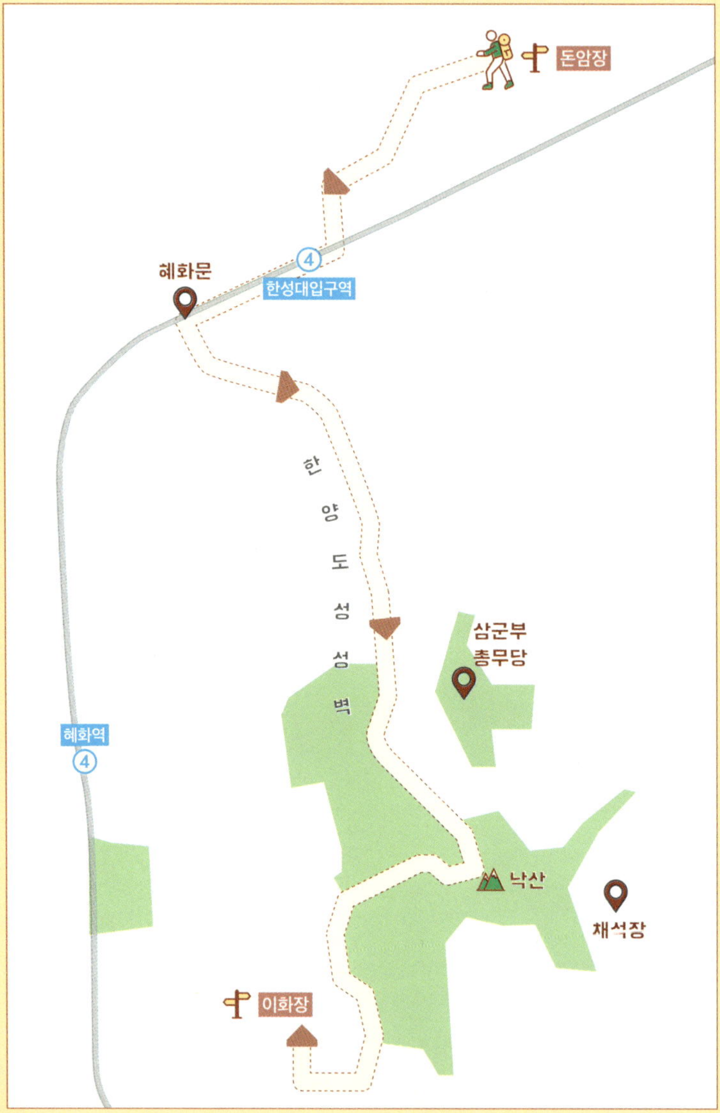

이승만에게 집을 빌려준 친일 거부: 돈암장

이승만이 한때 숙소로 사용했던 돈암장

4호선 한성대입구역에서 내려 삼선중학교로 가다 보면 학교 정문 옆에 있는 커다란 한옥 한 채를 만날 수 있다. 삼선중학교 운동장에서 내려다보면 한옥의 전체 모습을 볼 수 있다. 바로 돈암장이다. 돈암장은 무형문화재인 대목장 고 배희한 씨가 1939년에 지은 집으로, 쇠못을 전혀 사용하지 않고 만든 팔작지붕 목조 건물이다. 조선이 망하면서 궁궐에서 나온 내시 송성진이 살기 위해 지어진 집이라고 한다. 이후 조선타이어주식회사 사장인 장진섭이 살았다. 그는 광산업으로도 큰 돈을 번 사업가다.

돈암장은 연건평 150평인 건물 3채와 뛰어난 미관의 정원을 갖춘 고급 저택이었다. 지금은 남쪽 정원 지역에 연립주택을 짓는 바람에 돈암장의 대지가 축소되어 옛 모습을 찾기는 어렵다. 2004년에 문화재로 등록되었고 드라마 <야인시대>의 촬영지로 사용되기는 했으나 개인 소유라 함부로 들어갈 수는 없다. 1930

년대에 서울에 지어진 수천 평 규모의 저택들에는 모두 '장莊'이란 이름이 붙었다. '덕수산장', '죽첨장', '돈암장', '이화장', '혜화장', '삼청장', '안동장', '낙산장' 등 다 헤아릴 수도 없다. 조선 말기부터 일제강점기를 거쳐 1950년대까지 거물급 정치인 또는 저명한 인물이 사는 집이나 규모가 큰 집에 붙였던 존칭이었다. 해방 전까지 거대 저택에 사는 사람들은 대개 친일파 거부들이었다. 돈암장도 마찬가지였다.

1945년 10월 16일, 고국에 돌아온 이승만은 많은 사람의 관심을 모았다. 미국을 등에 업은 그가 유력한 정치 지도자로서 해방된 조국에서 큰 힘을 발휘할 것이라고 기대했기 때문이다. 이승만이 머문 조선호텔에 그를 만나려는 많은 이들이 찾아왔다. 호텔은 손님을 만나기에 적합하지 않았으므로 이승만은 자신이 살 만한 집을 찾았다. 장덕수의 주선으로 장진섭이 이승만에게 돈암장 3채 중 2채를 빌려주었다. 그런데 장진섭은 이승만이 자신을 비롯해 정치 자금을 제공한 경제인을 멀리한다며 불만을 표시했다. 그가 돈암장을 빌려준 것은 친일파인 자신이 해방 정국에서 어떤 처분을 받을지 모르니 뒷배가 되어 줄 정치인과 연결하기 위함이었다. 그런데 미군 사령관이었던 하지 중장과 이승만의 사이가 나쁘다는 소식이 들려오자 그는 이승만에게 집을 비우라고 요구했다. 이승만이 동아줄인 줄 알았는데, 썩은 줄이라고 판단한 모양이다.

결국 돈암장에서 머문 지 1년 10개월 만인 1947년 8월에 이승만은 미군정의 협조로 총독부 정무총감 다나카 다케오의 여름 별장으로 향했다. 이를 마포장이라고 했다. 하지만 이승만은 마포장을 싫어하여 두 달 만에 이화장으로 옮겼다.

이승만은 어떻게 대통령이 되었나: 이화장

돈암장을 나와 한성대입구역을 지나 한양 도성을 따라 걸었다. 낙산 정상에서 이화동 방면으로 내려오다 보면 이화장이 있다. 대지가 약 5,500제곱미터나 되는 대저택이다. 이곳은 대제학을 지낸 신광한1484~1555의 집터였고, 인조의 3남 인평대군1622~1658이 살았던 곳이기도 하다. 1930년대에는 쌀과 콩 거래 및 주식 거래로 많은 돈을 번 강익하가 살았다. 1947년 말, 이승만의 거처가 마땅하지 않자 사업을 하던 사람들이 돈을 모아 강익하의 집을 구입해 이승만에게 주었다. 강익하는 학생 시절 김구에게 한문을 배운 인연으로 1946년 김구에게 300만 원의 거금을 정치 자금으로 주었고, 이승만에게도 500만 원을 주었다. 그는 1946년에 국내 자본으로 설립된 최초의 보험생명사인 대한생명을 창설한 사람이다.

조선 시대 대갓집 규모의 이화장

이승만은 이화장에서 1947년 10월부터 1948년 8월까지 10개월을 머물다가 대통령이 되어 경무대로 들어갔다. 해방 정국에서 이승만은 돈암장에서 더 오래 살았지만, 이승만의 사저로는 이화장이 먼저 떠오른다. 대통령이 된 후에도 이승만이 가끔 이화장에 들렀고, 1960년 4.19혁명으로 하야한 뒤에 이곳으로 돌아와 한 달간 머물렀기 때문이다. 1965년 미국 하와이에서 망명 생활을 하다가 죽은 그의 시신을 국내로 운구했을 당시, 이화장이 임시 시신 봉안소로 사용되었나. 이승만의 부인인 프란체스카도 1970년 한국에 귀국해 1992년에 죽을 때까지 이화장에서 머물렀다.

이승만은 미국에서 오래 산 덕분에 영어에 능통해 맥아더 장군 등 미국인과 소통이 원활했다. 그는 해방 정국에서 살길을 찾으려 친일파가 된 이들을 받아들였다. 특히 노덕술을 비롯한 친일 경찰마저 자신의 수족으로 부렸다. 또한 반민특위를 무력화시켜 친일파를 보호하는 데 성공했고 부산 정치 파동, 발췌 개헌, 사사오입 개헌 등을 통해 장기 집권을 했다. 또한 방첩대와 같은 정보 기구를 만들어 자신을 반대하는 세력을 제압하는 등 권력 장악 능력이 뛰어났다.

이화장이 이승만의 사저로 오래 남을 수 있었던 것은 그가 해방 정국 최후의 승자였기 때문이다. 반면 김구, 김규식 등 다른 정치가들은 이승만과 달리 국내에서 자신을 지지하는 세력을 확대하는 데 실패했다. 또한 자신의 안전을 지키지 못하고 암살당하거나 납북당하는 등 비극적으로 정치 권력에서 물러나야 했다. 따라서 김구의 경교장과 김규식의 삼청장이 맞이한 운명 역시 이화장과는 달랐다.

김구는 왜 죽임을 당했을까: 경교장

대한민국 임시정부 소속 광복군은 미국과 함께 일본군에 맞서 싸웠지만, 일본이 패망하자 미국은 대한민국 임시정부의 존재를 무시했다. 대한민국은 공식적인 승전국이 아니었기 때문이다. 미국은 한반도에 그들의 입맛에 맞는 정부가 들어서기를 원했기에 대한민국 임시정부가 대한민국 정부로 전환되는 것을 막았다. 임시정부의 주석 김구와 부주석 김규식 등을 개인 정치가로 취급했다. 미국이 원한 대한민국의 지도자는 기독교 신자여야 하고 미국과 말이 통하는 사람이어야 했기 때문이다. 해방 정국에서 이런 조건에 부합한 사람이 이승만이었다. 가톨릭 신자이자 영어 교사였던 장면이 외무부장관이 되고 훗날 내각총리에 오를 수 있었던 것은 미국의 이런 입장 때문이었다.

반면 목숨을 내걸고 독립을 위해 투쟁했던 임시정부의 요인들은 미국 교민 사회에서 군림하던 이승만보다 불리한 입장에 놓이게 되었다. 김구는 이승만보다 한 달 이상 늦은 11월 23일에야 김포 비행장에 귀국했다. 그를 맞이한 것은 환영 인파가 아닌 미군 병사들과 장갑차였다. 조소앙, 신익희 등 임시정부 2진은 서울의 관문인 여의도나 김포 비행장이 아닌 전라북도 옥구 비행장에 미군 수송기 편으로 착륙했다.

해방 직후 친일파 부자들은 자신들의 살길을 위해 유력한 독립운동가 지도자들에게 줄을 대려고 노력했다. 그 가운데 한 명이 조선 최고 거부였던 금광왕 최창학이다. 그는 1938년에 지어진 죽첨장을 김구에게 숙소로 제공했다. 죽첨장은 지금의 강북삼성병원 일대에 붙여진 죽첨정 이라는 일본식 지명에서 비롯되었다. 1945년 11월, 김구는 이름을 경교장으로 바꾸고 임시정부 청사와 자신의 숙소로 사용했다.

대한민국 임시정부의 마지막 청사인 경교장

경교장은 임시정부 출신 독립운동가를 비롯해 많은 이들이 모여들면서 해방 정국에서 중요한 정치 공간이 되었다. 하지만 그는 해방 정국에서 자신의 뜻을 관철시키기가 어려웠다. 그는 김규식 등과 함께 남북으로 분단되지 않는 나라를 만들기 위하여 1948년 4월에 평양을 방문해 남북 협상에 참여하기도 했다. 하지만 미국과 소련이 한반도를 남북으로 나눠 자신들의 세력권으로 삼기로 한 상황에서 그들의 꿈은 실패할 수밖에 없었다. 1948년 5월 10일, 남한만의 단독 선거에 김구의 한국독립당은 김규식의 민족자주연맹 등과 함께 불참했다. 그럼에도 국민들의 지지를 받은 김구는 대한민국 정부 수립 이후에도 중요한 정치적 위상을 갖고 있었다.

1949년 6월 26일, 김구는 경교장 2층 집무실에서 안두희가 쏜 총탄에 맞아 암살당했다. 김구가 죽자 최창학은 고액의 임대

료를 요구하며 경교장을 회수해 갔다. 이후 경교장은 중화민국 대사관, 베트남 대사관 등으로 사용되다가 1967년 삼성그룹이 인수했다. 이후 강북삼성병원의 일부로 사용되었다. 1990년대에 김구의 업적이 재조명되면서 대한민국 임시정부의 마지막 청사라는 의미를 가진 경교장을 복원해야 한다는 여론이 커졌다. 마침내 2013년 경교장 전체가 복원이 완료되어 일반인에게 개방되

김구가 암살당한 경교장의 집무실

었다. 현재 경교장의 소유주는 삼성의료재단으로, 운영만 서울시가 하고 있다.

잊혀진 김규식: 삼청장

삼청장은 이화장, 경교장만큼 널리 알려져 있지 않지만 해방 정국에서 이승만, 김구와 함께 우익 인사 3영수로 불린 김규식의 숙소였다. 김규식은 1919년 파리강화회의에 대표로 참가했으며 대한민국 임시정부 부주석을 지낸 분이다.

삼청장은 이화장, 경교장과 함께 해방 정국 당시 정치 활동의 3대 요람으로 불린 곳이다. 이 집의 소유자는 민영휘의 삼남 민규식이었다. 민영휘는 일제로부터 자작 작위를 받은 대표적인 친일반민족행위자로, 일제강점기에 김성수, 최창학과 함께 3대 거부로 불린 인물이다. 민규식은 금융인으로 부를 늘려 가며 친일단체 간부로 활동하고 일제에게 거액의 국방 헌금을 냈다. 1945년에 일제는 그를 중추원 참의로 임명했다. 그는 친일반민족행위에 앞장섰음에도 해방 후 조선은행 총재를 지내고 한민당 창당 발기인으로도 활동했다. 그가 살아남을 수 있었던 것은 김규식에게 삼청장을 제공했기 때문이 아닐까? 해방 정국에서 김규식은 온건한 중도파의 역할을 하며 큰 영향력을 발휘했다. 하지만 김구와 함께 남북 협상에 참여하고 5.10총선거에 불참하며 정계를 떠났다. 1950년 6.25전쟁 직후에 납북되어 그해 12월 10일에 병사한 것으로 알려졌다.

지금 삼청장은 대통령 경호처가 소유하고 있어서 청와대 개방에도 불구하고 여전히 일반인의 출입이 통제되어 있다. 삼청장은 좌우합작운동을 비롯한 해방 정국의 중요 결정들이 많이 이루어진 역사적 공간이다. 북악산에 올랐다가 내려오면서 삼청동길을 따라 삼청동 145-20번지에 있는 삼청장 앞을 지나갔다. 삼청장 외부에서 사진을 찍었는데, 건물 안에서 나온 사람이 돌연 사진을 삭제해 달라고 요구했다. 방송에도 나왔고 위치도 정확히 알려진 삼청장인데, 외부 사진을 찍는 것도 금지하는 이유가 무엇인지 궁금했다. 이곳이 역사적 의미를 담은 곳이라서 책에 담으려 한다고 말했지만 경호처 직원은 계속 삭제할 것을 요구했다. 결국 다투기 싫어서 사진을 삭제하고 돌아왔다. 언젠가 삼청장이 경교장처럼 개방되기를 기대해 본다.

해방 정국 동안 수많은 정치 지도자들이 목숨을 잃거나 납북되었다. 1945년 12월 30일, 송진우가 암살당했다. 1947년 7월 19일에는 여운형이, 1947년 12월 2일에는 장덕수가, 1949년 6월 26일에는 김구가 암살당했다. 박헌영과 김원봉은 1948년 4월에 남북연석회의 참여 후 그대로 북한에 남았고, 김규식은 1950년 9월 26일 6.25전쟁 당시 납북되었다. 이들이 사라졌을 때 가장 큰 이익을 본 사람이 암살의 배후가 아니었을까? 다만 공식적으로 확인은 되지 않았다.

살아남은 자들 사이에서는 수많은 뇌물이 오고 갔다. 정경유착의 끈이 정치 지도자들에게 닿아 있음을 알게 되면 실망할 수밖에 없다. 친일 경찰 노덕술을 비롯한 민족 반역자 매국노들이 해방 정국에서 살아남았고, 반민특위는 해체되었다. 그때 친일파를 제대로 청산하지 못한 것이 너무나 아쉽기만 하다.

2

민주주의를 향한 여정

답사 코스 1

답사 코스 2

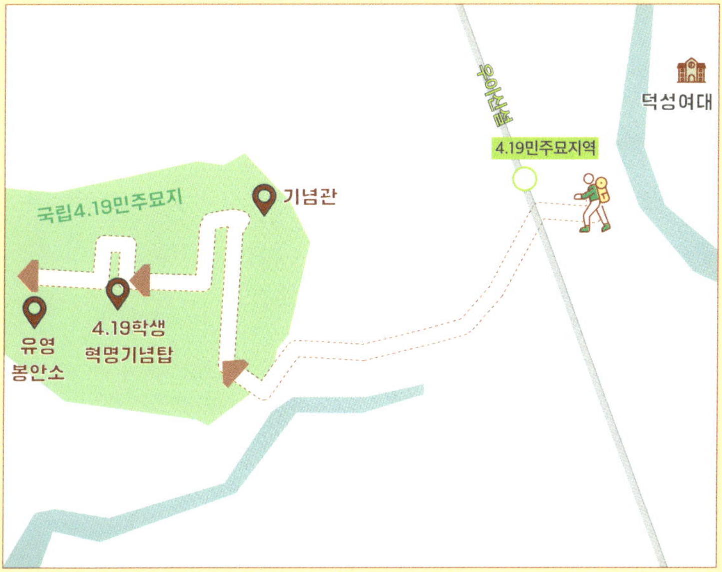

조봉암의 죽음: 서대문형무소

서울 서대문구 현저동에 위치한 서대문형무소는 일제에 탄압받은 독립운동가들이 온갖 고문을 받으며 수난을 당한 곳이다. 해방 이후에는 일반 범죄자뿐만 아니라 민주화 운동에 헌신한 사람들을 가둔 곳이기도 하다. 일제강점기의 서대문형무소와 달라진 점은 운영의 주체가 일제에서 대한민국으로 변했다는 것뿐이다. 반대로 달라지지 않은 것은 죄가 없는 사람들이 단지 권력에 저항했다는 이유로 고난을 겪고 죽음까지 당했다는 사실이다. 서대문형무소 역사관에서 일제강점기의 아픈 역사와 함께 해방 이후 민주주의가 정착할 때까지의 슬픈 역사도 볼 수 있다.

1959년 7월 30일, 대법원에서 약 1년 7개월이 걸린 재판의 판결이 확정되었다. 앞서 1심 판결에서 무죄였던 조봉암은 1958년 12월 개정된 국가보안법에 의해 1959년 2월 27일에 사형 판결을 받고 대법원에 재심을 청구했다. 7월 30일에 재심 청구가 기각되고 놀랍게도 다음 날인 7월 31일 아침에 수감 번호 2301호 조봉암은 수갑을 찬 채 감방에서 나와 곧장 사형장으로 끌려갔다. 집행관이 판결문을 읽은 후, 사형이 집행되었다. 그가 죽은 곳은 서대문형무소 사형장이다. 사형장에는 아직도 교수대가 남아 있다. 극악무도한 죄를 저질러 죽은 사람도 있지만 독립운동가처럼 옳은 일을 했음에도 권력에 저항했다는 이유로 죽음을 당한 분들도 있었다. 조봉암의 죽음은 어떤 죽음이었을까?

서대문형무소 사형장에 올가미가 걸려 있다.

조봉암은 이승만 정부에서 농림부장관과 국회부의장을 역임했다. 그런데 그는 1956년의 3대 대통령 선거에서 예상 밖으로 높은 득표를 했다. 선거 당시 자유당의 이승만 후보와 최대 야당인 민주당의 신익희 후보 두 사람이 치열하게 경쟁 중이었다. 무소속의 조봉암은 주목받지 못하고 있었다. 그런데 신익희 후보가 갑작스럽게 사망하면서 조봉암이 이승만의 경쟁자가 된 것이다. 이승만은 3선을 노리고 1954년에 사사오입 개헌이라는 무리수를 두며 영구 집권을 꿈꾸었다. 부정 선거가 난무한 가운데 조봉암은 216만 표, 이승만이 504만 표를 얻어 다시 대통령이 되었다. 부정 선거가 아니었다면 표 차이는 크게 줄었을 것이다. 이승만은 비록 승리했지만 조봉암이 두려웠다.

조봉암은 1956년 11월에 진보당을 만들고 평화통일론을 주장하며 본격적인 정당 활동을 했다. 민의원 총선거를 4개월 앞둔

1958년 1월, 이승만 정권은 조봉암과 진보당 간부들을 북한과 내통한 간첩이라며 체포했다. 그의 평화통일론이 대한민국 국가 시책에 위반된다면서 간첩죄와 국가보안법 위반 등의 혐의로 사형시킨 것이다. 조봉암의 사형과 진보당 해체를 가져온 사건의 원인은 단 하나였다. 1875년생으로 고령인 이승만은 영구 집권을 위해 1960년에 있을 4대 대통령 선거에서도 승리를 원했기 때문이었다. 조봉암이 죽은 후 52년만인 2011년 1월 20일, 대법원은 조봉암 사건을 다시 재판하여 그의 간첩죄가 조작된 것이며 무죄라는 판결을 내렸다.

민주주의는 한 사람만을 위한 것이 아니라 국가의 주인인 모든 국민을 위한 정치를 말한다. 민주주의가 성공하기 위해서는 저마다 다른 사람들의 생각을 존중하고 모든 이가 평등하며 자유로운 생각을 할 수 있다는 것이 받아들여지는 '국민적 합의'라는 토대가 만들어져야 한다. 하지만 수천 년간 왕조 국가에서 왕의 신하로 살았고, 일제강점기에 강압적 통치에 복종했던 사람들이 하루아침에 국가의 주인이라는 의식을 갖기란 쉽지 않았다. 1919년의 대한민국 임시정부는 왕정 국가가 아닌 민주공화국이었지만 다수가 민주주의를 경험한 것은 아니었다. 해방 후 대한민국에는 최고 권력자인 대통령을 왕으로 착각하고 왕을 위해 충성을 다하면서 자신의 이익을 챙기는 신하들이 많았다. 아직 민주주의가 정착되지 못한 시대였다.

민주주의를 향한 외침: 4.19기념탑

서울 강북구 수유동에는 국립4.19민주묘지가 있다. 우이신설 도시철도 4.19민주묘지역 2번 출구에서 나와 5분 남짓 걸으니 '국립4.19묘지'라고 쓴 돌 위에 '민주성역民主城役'이라는 글자가 새겨져 있었다. 이곳이 1960년 4.19혁명 당시 희생된 사람들의 묘소와 추모 공간이다. 국립묘지 주변에는 4.19 카페거리도 있지만 수다를 떨며 즐기기보다는 엄숙함이 느껴지는 공간이었다.

4.19혁명을 자세히 알기 위해 먼저 기념관을 둘러보았다. 당시 사진과 희생된 분들의 유품, 4.19혁명의 진행 과정을 설명한 안내판이 전시되어 있었다. 4.19혁명은 우리나라 헌정 사상 최초로 민주주의를 수호하기 위해 불의한 독재 권력에 항거한 혁명이다. 이승만 초대 대통령과 자유당 정권은 자신들의 장기 집권을 위해 부산 정치 파동, 사사오입 개헌을 비롯한 온갖 정치적 부정과 진보당 해산, 조봉암 사형을 비롯해 반대 세력에게 탄압을 저질렀다. 1958년 민의원 선거에서 야당인 민주당의 의석수가 기존 46석에서 79석으로 크게 늘어난 반면, 자유당의 의석수는 감소했

다. 이승만 정권에 대한 국민적 반감이 매우 커진 탓이었다.

그러자 1960년 3월 15일, 정·부통령 선거에 대비해 자유당은 선거 1년 전부터 대대적인 부정 선거를 준비했다. 대통령 선거에서는 민주당의 조병옥 후보가 선거를 2개월 앞두고 갑자기 사망하면서 이승만의 네 번째 당선이 유력해졌다. 반면 부통령 선거에서는 민주당 장면 후보가 자유당 이기붕 후보를 크게 위협했다. 85세 고령인 이승만 대통령이 언제 유고될지 알 수 없는 상황에서 민주당 장면 후보가 선출된다면 권력을 잃을 거라는 생각에 두려워진 자유당 정권은 대대적인 부정 선거를 저질렀다. 투표함 바꿔치기, 유권자 명부 조작, 대리 투표 등을 통해 대통령 이승만은 85%, 부통령 이기붕은 73%를 득표하여 당선되었다.

노골적인 부정 선거에 수많은 국민이 분노했다. 특히 3월 15일에 마산에서 일어난 부정 선거 시위에서 실종되었던 김주열 학생의 시신이 4월 11일에 마산 앞바다에서 왼쪽 눈에 최루탄이 박힌 처참한 모습으로 떠오르자 분노한 시민들이 대대적인 시위를 일으켰다. 이어 전국적인 시위로 확산된다. 4월 18일, 3,000여 명의 고려대 학생들이 고려대에서 국회 앞까지 평화적인 시위를 할 때 자유당 정권이 동원한 정치 깡패에게 습격당한 200여 명의 학생들이 크게 다치는 사건이 벌어졌다. 이에 분노한 시민과 학생들이 4월 19일에 광화문과 종로 등에서 대대적인 시위를 벌였다. 이날 많은 사망자와 부상자가 발생했다. 이승만 정권은 전국에 비상계엄령을 선포하고 부정 선거에 대해서는 미온적인 태도를 보였다. 그러자 4월 25일, 전국 27개 대학 교수단 시위가 이어지고 시민과 학생들의 시위가 계속되었다. 이날 시위대는 이승만 정권의 퇴진과 대통령 하야를 강력히 요구했다. 계엄군은 시위대를 향해 발포하는 것을 금지하며 시위대를 보호했다. 그러자 다음날 이승만은 하야 성명을 발표했다. 마침내 4.19민주혁명이 승리한 것이다.

전시관을 나와 참배대기광장을 지나 4.19학생혁명기념탑과 묘역으로 향했다. 잘 정리된 경관은 대한민국의 민주주의 정착을 위해 희생된 분들에 대한 예의를 표하라는 언질을 주는 것 같았다. 4.19학생혁명기념탑 앞 분향소에서 독재와 부정 선거에 항의했던 학생과 시민들을 추모하는 묵념을 올렸다. 기념탑 주변의 잘 정리된 잔디밭에 그날 희생된 분들의 묘가 줄지어 있다. 이분들을 향해 다시 묵념을 올렸다. 이곳에는 다양한 조형물이 많아 4.19혁명의 의미를 되새기게 해 준다. 제일 위쪽에는 유영봉안소가 있다. 김주열 열사의 영정을 비롯한 4.19혁명 희생자들의 영정과 위패를 모신 목조 건물이다. 이곳을 참배한 후에 민주묘지를 나왔다.

순탄하지 못했던 대한민국의 민주화 과정에 대한 다양한 평가가 있다. 우리나라의 민주화는 4.19혁명 이후 계속 진통을 겪고 있고 지금도 진행 중이다. 그럼에도 민주주의를 경험해 보지 못한 채로 식민지에서 해방된 나라들 가운데 대한민국만큼 민주주의가 정착된 나라는 거의 없다. 민주주의를 억압했던 부끄러운 역사도 있지만, 4.19혁명과 6.10항쟁 등의 민주화 운동을 거쳐온 우리 역사에 충분히 자부심을 가질 만하다고 믿는다.

4.19학생혁명기념탑과 묘역

4.19민주묘지 유영봉안소 가는 길

6장

관련 연표

한국사		세계사	
연도	중요 사건	연도	중요 사건
1961	5.16군사정변, 박정희 정권 탄생	1963	미국 케네디 대통령 암살
1972	7.4남북공동성명, 유신 헌법 공포	1966	중국, 문화대혁명 시작
1979	10.26사태, 박정희 피살	1973	제4차 중동 전쟁, 제1차 오일쇼크
1980	5.18민주화항쟁, 전두환 정권 탄생	1979	미국-중국과 국교 수립
1987	6월민주화항쟁, 6.29선언	1989	베를린 장벽 붕괴, 독일 통일(1990)

대한민국의 성장과 발전:
창신동, 청계천, 을지로, 청와대, 세종대로

- 대한민국의 경제 성장은 수많은 사람의 노력과 희생 속에서 이루어졌다. 가난에서 벗어나고자 하는 국민들의 열망은 힘든 노동 현실을 견디게 했다. 경제 성장을 이뤄 낸 사람들의 땀과 노력이 담긴 현장인 창신동, 청계천, 을지로를 찾아가 본다.
- 대한민국은 경제, 문화, 사회적인 면에서 선진국으로 발돋움했지만 정치는 아직도 발전 중이다. 대한민국 정치의 중심이었던 청와대와 세종대로를 찾아 대한민국의 내일을 생각해 본다.

1

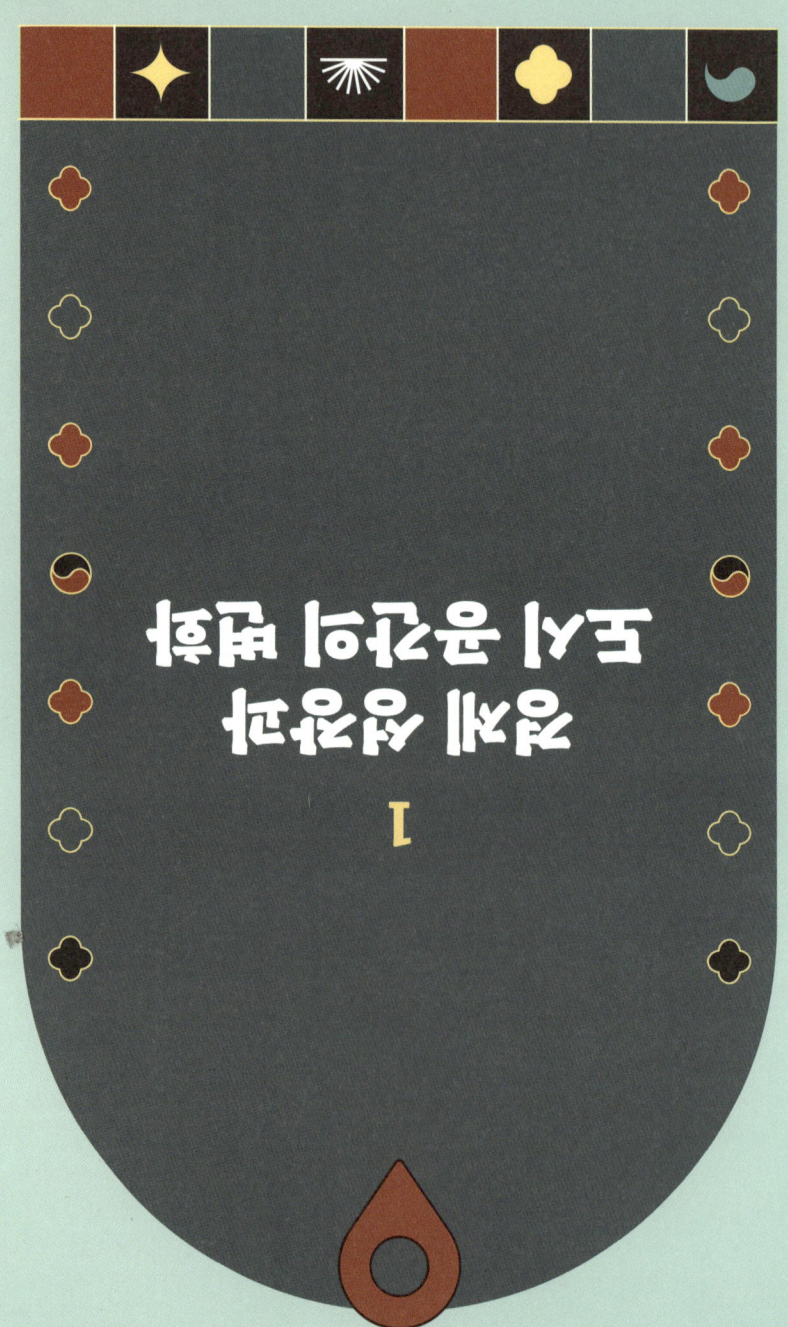

경제 성장과 도시 공간의 변화

답사 코스

창신
아파트
창신역
채석장터
종묘
봉제 거리
전태일
재단
동묘앞역
박수근
집터
박수근길
전태일
동상
평화시장
조각(금형)
특화 거리
종로3가역
광장시장
종로5가역
동대문역
전태일
기념관
세운상가
방산시장
두타몰
미싱
특화 거리
밀리오레
공구 특화 거리
조명 특화 거리
타일도기 특화 거리
을지로4가역
을지로3가역
가구 특화 거리
동대문역사
문화공원역
신당역

의류 산업, 대한민국을 일으키다: 창신동

달동네는 급속한 근대화, 도시화 과정에서 가난한 사람들이 도시의 고지대에 모여 사는 곳을 일컫는 순우리말이다. 서울의 달동네는 신림동을 비롯해 여러 곳이 있었지만, 역사가 오래된 대표적인 달동네로는 창신동이 단연 첫손에 꼽힌다. 지금은 아파트가 많이 들어서서 달동네 이미지는 사라졌다.

창신동은 조선 시대에 도성 바깥 성저십리에 해당했던 곳으로, 동대문 밖에 있는 한적한 동네였다. 조선 초기에는 성내에 진입하지 못한 사람들이나 궁 안에서 잡다한 일을 하던 사람들이 살았다. 조선 후기에는 각종 채소를 재배해 시장에 내다 파는 근교 농업을 하는 사람들이 많이 살았다. 창신동은 낙산, 동망산 등으로 둘러싸인 고지대로, 부자보다는 가난한 사람들의 터전이었다. 일제강점기에도 동대문시장과 가까운 창신동은 지게꾼, 날품팔이 등이 움막이나 토막土幕집을 짓고 사는 도시 빈민 지역이었다.

창신동에 있는 낙산은 온통 화강암으로 이루어져 있는데 이전부터 이어져 온 채석 작업은 일제강점기에 본격적으로 이루어졌다. 조선은행, 천도교중앙대교당, 경성역, 경성부청사, 조선총독부 등 석조 건축물을 지을 때 창신동 채석장에서 석재를 가져왔다. 동대문 바로 밖이라는 최적의 입지 조건 때문에 경성부 직영

창신동에는 여전히 채석장의 흔적이 남아 있다.

채석장이 되어 매일같이 발파가 이루어졌다. 돌을 폭파시키다가 민가로 날아간 암석에 깔려 죽는 사람들도 많았다. 해방 후에는 도로 포장에 쓰이는 아스팔트 생산을 위한 역청 공장이 들어서면서 악취와 진동이 무척 심했다. 채석장은 1961년까지 운영되었고 그 이후로는 면목동에 있는 용마산 채석장이 1988년까지 사용되었다.

창신동 낙산 위에 토막집을 짓고 사는 사람들의 삶은 빈곤했다. 달동네에 채석장까지 있으니 주거 환경으로서는 최악이었다.

토막집에는 화장실이 따로 없었고 수돗물도 당연히 나오지 않았다. 달동네 사람들은 마을 공동 화장실이나 우물을 이용해야 했다. 이렇게 열악한 환경임에도 창신동의 인구는 계속 늘었다. 일자리를 찾아 서울로 온 사람들이 많았기 때문이다. 창신동 일대에는 산꼭대기까지 불량 주택들이 빽빽하게 들어섰다.

창신동 절벽마을에 왔다. 2020년에 만들어진 채석장 전망대에 올라 서울 시내를 내려다보았다. 전망이 뛰어나 한번쯤 가볼 만한 곳이다. 전망대에서 내려와 창신 어린이공원 방면으로 향하니 돌을 캔 흔적이 가득한 절개지가 한눈에 보인다. 바로 채석장이었다. 1961년 이후 더 이상 채석장은 사용되지 않았고 창신동 일대에 불량 주택 정비 사업이 이루어졌다. 이때 지어진 것이 창신시영아파트다. 국유지에 아파트를 지어 무주택 저소득 시민들에게 저렴한 가격으로 분양을 해 준 것이다. 본래는 A, B, C 3개 동이 있었으나 지금은 B, C동만이 남아 있다. 이 아파트는 무려 60년이 넘는 세월이 흘렀음에도 아직 건재하다. 주민들 말로는 공병대가 지어 튼튼하다고 한다. 채석장 절벽에 쌓은 축대 위에 2~3층짜리 집들이 정연하게 배치되어 있다. 채석장이 옮겨 간 이후 1970년대 초반에 대부분 건축되어 창신동만의 독특한 경관을 형성하고 있다.

창신동에는 가장 한국적인 화가로 평가받는 박수근을 기념하

는 길이 있다. 동묘역 사거리에서 청계 7가 다산교까지의 구간이 박수근길이다. 박수근은 1952년부터 지병으로 사망한 1963년까지 창신동393-16번지에 살았다. 그의 대표작인 <우물가>, <빨래터>, <길가에서>는 창신동 시절에 탄생했다. 창신동에서 곤궁한 삶을 이어갔던 박수근은 한국인의 질박한 삶을 그림으로 표현했다.

창신동의 변화는 동대문시장의 성장과 관련이 깊다. 1905년에 시전에서 포목상을 하던 박승직을 중심으로 광장주식회사가 설립되어 동대문시장후에 광장시장으로 바뀜이 탄생했다. 1950년 6.25 전쟁 이후 동대문시장 상인들은 폐허 속에서 천막을 치고 임시로 장사를 하며 미군에서 흘러나온 내의와 담요 등의 원단을 판매하기 시작했다. 이곳에 살던 피난민들은 판잣집에 살며 재봉틀 한두 개로 옷을 만들어 장사를 했다. 장사가 잘되자 차츰 청계천을 따라 종로 5~6가까지 시장이 확장된다. 1961년, 피난민을 주축으로 돈을 모아 을지로 6가에 평화시장을 건립했다.

동대문 의류 산업 발전의 토대가 된 평화시장

1960년대에 정부가 수출 주도 산업을 육성하면서 의류 제조업은 급속히 성장한다. 특히 광장시장, 평화시장 등이 의류 유통의 중심지로 빠르게 성장했다. 초기에는 평화시장 점포에서 재단, 재봉, 마무리, 판매까지 의류 제조와 판매의 모든 과정이 이루어졌다. 의류 산업이 성장한 것과 달리 당시 노동 환경은 최악이었다. 정부는 수출을 장려하기 위해 노동자의 권리를 외면하고 도리어 노조 설립을 방해하거나 탄압했다. 김민기의 노래극 <공장의 불빛>은 이런 시대 상황을 묘사했다.

평화시장 점포들은 판매의 중요성이 커지면서 1층 점포를 2층, 3층까지 확대했다. 의복 생산은 주변 지역에 하청을 주거나 봉제 공장을 두었다. 이때부터 이화동, 창신동 등 주변 지역에 의류 산업 종사자가 크게 늘어났다. 1960~70년대 창신동은 동대문 의류 산업 클러스터cluster의 배후 생산지로서 수많은 봉제 공장이 자리 잡았다. 당시 동대문 바로 앞에 고속버스 터미널이 있었다. 시골에서 올라온 사람들이 터미널에서 가까운 창신동으로 와서 봉제 공장의 시다로 일을 하거나 동대문 일대 시장에서 여러 일들을 했다. 한창 때 창신동 지역에는 3,000여 곳이 넘는 봉제 공장이 있었다. 창신동에는 지금도 봉제 거리가 있고 가내 수공업 형태의 봉제 공장이 1,000여 곳쯤 남아 있다. 최근에는 네팔, 베트남 등에서 온 이주민 노동자들이 이 지역에 많이 살고 있다.

창신동 봉제 공장에서 재봉틀을 밟았던 그 노동자들 덕분에 우리나라는 의류 산업 강국으로 성장하고 수출 산업을 일으켜 경제 성장을 이룩했다. 화려한 경제 성장의 뒷면에는 아침마다 공용 화장실 앞에 길게 줄을 서고 동네 우물가에서 물을 길어 오는 힘겨운 삶을 살았던 창신동 달동네 사람들이 있었다. 창신동 봉제 거리를 걸으면서 과거 나의 삼촌, 이모들의 삶을 되새겨 보았다.

전태일 열사와 근로기준법: 평화시장

창신동 봉제거리를 내려오다 보면 전태일 재단이 보인다. 1970년 11월 13일 오후, 평화시장에서 1948년생으로 만 22살의 청년 노동자였던 전태일은 스스로 몸에 불을 붙인 채 "근로기준법을 준수하라!", "우리는 기계가 아니다!"를 외치며 분신자살을 했다. 한국 노동 운동의 불씨가 된 고 전태일 열사. 그는 죽었지만 지금도 이 땅에는 비정규직, 하청 노동자, 이주 노동자 등 또 다른 전태일이 아직도 살고 있다. 청계천 평화시장 노동자들의 비참한 노동 현실을 바꿔 보고자 자신의 몸을 불사른 아름다운 청년 전태일의 삶을 생각해 본다. 그를 알기 위해서는 전태일 재단을 찾는 것보다 청계천 3가에 위치한 전태일기념관에 가 보면 좋다.

창신동은 동대문과 매우 가깝다. 동대문에서 남쪽으로 약간만 내려오면 청계천이다. 청계천을 따라가다 보면 서쪽에 전태일이 일했던 평화시장이 있다. 청계천 6가 평화시장 앞에 있는 버들다리는 '전태일 다리'라고도 부른다. 다리 위에는 2005년에 노동자와 시민이 4억을 모금하여 설치한 전태일의 동상이 서 있다. 그런데 동상을 만든 작가의 부적절한 행위로 인해 2023년도에 전태일동상존치·교체숙의위원회에서 동상을 교체하라고 권고했다. 약자를 지키고자 자신의 목숨을 바친 전태일의 정신을 위반한 작가가 만든 동상을 그대로 두는 것이 옳지 못하다고 판단했기 때문이다. 전태일의 삶을 아는 사람이라면 그러한 결정에 모두 찬성할 것이다.

전태일 다리 위에 있는 전태일 동상

청계천 7가에는 도매 시장인 남평화, 신평화, 동평화, 청평화 시장과 아트프라자 등이 연이어 들어서 있다. 모두 의류를 전문으로 파는 시장이다. 동대문 서쪽에는 도매업과 소매업을 겸하는

두타몰, 밀리오레, 현대아울렛 등 의류 관련 시장과 상가들이 줄지어 있다. 한국 의류 산업의 중심지답게 옛 동대문운동장 자리에는 동대문디자인플라자가 있다. 이 일대의 동대문의류시장은 2000년대 초반 전성기를 맞이했다. 대만, 중국, 일본의 보따리상들이 동대문으로 몰려들어 K패션 붐이 일어났다. 2002년에 정부는 동대문패션타운을 관광 특구로 지정해 국책 사업으로 동대문시장을 지원했다. 하지만 인터넷 쇼핑몰의 등장, 중국산 저가 제품의 출현으로 큰 타격을 받았다. 코로나 팬데믹 이후 동대문 패션 거리는 침체기를 겪고 있다. 밤부터 새벽까지 전국의 소매상들을 태운 관광버스가 줄을 잇던 동대문거리가 지금은 많이 조용해졌다. 그럼에도 여전히 동대문은 한국 패션의 중심지다. 대한민국이 1960~70년대 의류 산업 강국이 되었던 힘은 이곳 동대문의류시장에서 나왔다는 점에서 우리나라 경제 성장의 역사를 압축해서 볼 수 있다. 이곳 상가들을 둘러보다가 이내 청계천을 따라 걸었다.

도시 성장의 명과 암: 세운상가, 을지로 특화 거리

1945년 3월 10일, 미군 폭격기가 도쿄를 공습했다. 폭격으로 인한 피해보다 더 무서운 것은 이후에 발생한 화재였다. 일제는 이때부터 각지에 공습에 대비해 주택이나 건물이 밀집한 도시에 일정 공간을 공터로 남겨 두는 소개공지疏開空地를 조성했는데 이를 식민지에도 만들었다. 1945년 4월부터 6월까지 경성, 부산, 평양, 대전, 대구 등 주요 도시 중심부에 소개공지를 지정했다. 대표적인 소개공지는 종묘 앞에서 필동에 이르는 너비 50미터, 길이 1,180미터의 공간이다. 민가를 강제로 헐고 넓은 공지를 만든 것이다.

해방과 6.25전쟁을 겪으며 소개공지는 방치되었다. 그러자 이곳에 월남민과 이재민이 판잣집을 짓고 살기 시작했다. 가난한 사람들이 전쟁 통에 살 수 있는 방법은 많지 않다. 미군 군복을 세탁하거나 염색해 주는 일, 동대문시장 등에서 물건을 옮겨 주는 일 또는 막노동 정도였다. 종묘 앞과 인현동 일대에는 살아갈 방법을 찾던 가난한 사람들이 모이면서 자연스럽게 사창가가 생겨났다. 일부 사람들은 미군에서 흘러나온 모포나 천막을 이용해 옷을 만들어 팔기도 했다. 맨손으로 출발한 이들이 섬유 산업을 수출 산업으로 키워 냈고 한국 경제 성장의 일익을 담당했다.

1968년 11월, 박정희 대통령과 김현옥 서울 시장이 삼풍상가를 둘러보고 있는 모습
(출처: 위키피디아)

1966년, 불도저 시장으로 유명한 김현옥 서울 시장이 종묘에서 필동 사이의 소개 공지 지역에 있는 무허가 건물을 강제로 철거하고 대규모 상가 건물을 지었다. 1967년 10월에 종로와 가장 가까운 곳에 들어선 현대세운상가를 시작으로 아세아상가세운상가, 청계상사, 대림상가, 삼풍상가현 삼풍넥서스, 풍전호텔현 HOTEL PJ, 신성상가, 진양상가가 건설되었다. 이들 8개 상가를 대표하는 이름이 세운상가다. 현대세운상가는 2008년에 철거되었지만, 다른 상가 건물들은 굳건히 자리를 지키고 있다. 종묘 앞 세운상가에는 옥상으로 올라가는 엘리베이터가 있는데 이곳에서 종묘를 바라보는 풍광이 매우 멋지다. 세운상가 동쪽은 예지동 시계 골목으로 유명했던 곳이다. 하지만 지금은 도심 재개발 사업으로 옛 모습을 잃었다. 한때 종로 4가에 있는 시계, 금, 은 도매 상가는 우리나라 시계의 메카로 불렸다. 예지동에는 시계뿐만 아니라 카메라를 수리하는 곳도 많았다. 나 역시 결혼 예물로 시계를 보려고 예지동 골목을 돌아다녔던 기억이 있다. 그러다

가 허기지면 들르는 곳이 유명한 오장동 함흥냉면집이었다. 냉면집은 이곳이 재개발되기 전에 장소를 옮겼다. 어떤 이에게는 추억이 가득한 공간이었던 예지동은 이제 역사 속으로 사라져버렸다.

현재 세운상가 내부 모습

종로 2가부터 동대문까지 이어지는 청계천변은 해방 후부터 노점거리가 형성되었다. 특히 청계천 3~4가 지역인 장사동 일대에는 전기 고물상이 많이 모여들어 펜치, 니퍼, 전기인두, 테스터기 등을 판매했다. 차츰 전기, 전자 관련 잡화상이 늘어나더니 중고 전자 부품 유통 시장이 생기고 이후 반도체를 비롯한 전자 부품을 전문으로 파는 유통 상가로 탄생했다. 장사동에 생긴 세운상가는 서울의 유일한 종합 가전제품 상가로 발전해 1980년대에 최고 전성기를 맞이했다. 1987년에 조성된 용산전자상가로 많은 점포가 이전했지만 여전히 자리를 지키는 점포들도 있다. 이곳의 상인들은 제품 판매, 수리, 복제, 개발 능력을 갖춘 기술자들로, 한국 전자 산업 발달의 토대를 만든 사람들이다.

청계천 남쪽에 있는 청계 상가의 좌우 지역은 입정동과 산림

동이다. 이곳은 선반, 밀링머신, 드릴, 프레스 등의 공작 기계를 갖춘 금속 가공 작업장이다. 수백여 개의 조각금형 점포들이 밀집된 이곳에서는 전문 기술자들이 수작업으로 금형을 만들어 제품을 생산하고 있다. 장사동은 조선 시대에는 벙거지를 주로 만들던 벙거짓골이었고, 입정동은 장롱과 마구를 제작했던 곳이다. 마찬가지로 지금도 이 지역은 도심 속 공장 지대로 많은 사람의 일터다. 서울시는 2008년에 현대세운상가를 철거한 데 이어 2012년까지 모든 상가를 철거할 계획을 세웠다. 하지만 그 계획은 실현되지 못했다. 도리어 세운상가와 진양상가 2층을 연결하는 보행 데크를 설치해 상가의 연속성을 강화시켜 상가 활성화를 도모하는 방향으로 전환했다. 최근 보행 데크 철거 논란도 있지만 우리나라 경제 성장의 산실이었던 이곳이 좀 더 보존되었으면 좋겠다.

세운상가 주변 을지로 일대에는 특화 거리가 많다. 굳이 물건을 구매하지 않더라도 다양한 물건들을 구경하는 것만으로 쏠쏠한 재미를 맛볼 수 있는 곳이다. 을지로 4가와 청계천 배오개다리 사이의 150미터 구간에는 미싱 점포들이 밀집해 있다. 대부분 90년대 이후에 생긴 업체로, 미싱 부속과 특수 미싱, 피혁 미싱 등 다양한 미싱을 판매한다. 주변 봉제 공장에서 미싱을 많이 구입하기 때문에 자연스럽게 미싱 특화 거리가 형성된 것이다.

미싱 거리 반대쪽의 을지로 4가역에서 중구청 방향으로 향하는 약 200미터 구간은 가구 특화 거리다. 과거 중부시장에 목재 제재소가 있어서 자연스럽게 가구 상가가 형성되었다. 을지로 3가역에서 을지로 4가역까지의 구간과 대림상가, 청계상가 일대는 조명 특화 거리다. 1960년대에는 조명 상가가 오직 을지로에만 있어서 전국 각지로 조명 기구가 팔려 나가기도 했다. 6.25전쟁 이후 무너진 도시 재건을 위해 집수리와 관련된 목재, 철물, 페인트, 도배, 공구, 조명, 타일 도기, 가구 등이 서로 유기적인 맞물림 속에서 자리 잡으면서 함께 발전할 수 있었다.

을지로 3가역에서 을지로 2가 방면으로 약 250미터 구간에는 타일 도기 특화 거리가 있고, 을지로 3가 북쪽 청계천변에는 공구 특화 거리가 조성되어 있다. 6.25전쟁 때 군수 용품을 거래했던 곳이다. 가정용 공구, 건설용 공구, 농기구 등 처음 보는 수많은 공구들이 판매되고 있다. 이외에도 을지로에는 의류 전문 시장인 평화시장, 의류 부자재 전문 시장인 동화시장, 남성 의류 도매 시장인 통일시장, 우리나라 건어물 시장 가운데 최대 규모를 자랑하는 중부시장, 인쇄 및 포장 산업 관련 전문 시장인 방산시장 등 각종 전문 시장이 많다.

청계천과 을지로 일대에 전문 시장과 특화 거리가 발전한 것은 시장 상인들의 노력이 가장 컸지만, 그에 못지않게 도심이라

는 지리적 위치도 중요한 성공 요인이었다. 도심이기 때문에 어느 지역보다 접근성이 뛰어나 특정 지역이 아닌 전국을 무대로 장사할 수 있는 조건을 갖추고 있기 때문이다. 전국에서 몰려온 손님들을 대상으로 장사를 하다 보니 다양한 수요에 대응하면서 전문 상가로 발전할 수 있었다. 을지로의 소상공인 밀집 지역은 우리나라 제조업과 유통업 발전에 엄청난 기여를 했다. 한국 경제 성장의 역사를 이곳에서 살펴볼 수 있다.

몇 년 전, 사람들과 함께 을지로 골목 투어를 했다. 오구반점, 양미옥, 을지면옥, 안성집, 을지다방, 송림수제화 등 유명했던 노포老鋪들과 오래된 제조 업체 등을 둘러보았다. 60년 역사를 가진 안성집은 문을 닫았고 서울의 5대 냉면집인 을지면옥은 이전을 했다. 노포들과 공구상 등이 을지로를 떠난 것은 도심 재개발 사업 탓이다.

2012년까지 철거 예정이던 세운상가는 엄청난 보상비 때문에 철거보다는 존치를 택했지만, 세운상가 주변은 세운 재정비 촉진 지구로 지정되어 도심 재개발 사업이 진행되고 있다. 도시민의 삶의 터전으로 많은 이들의 추억을 품은 노포들이 하나둘 이전되거나 철거되면서 청계천과 을지로 일대의 도심 경관은 크게 변하고 있다. 수많은 손님으로 북적거리던 청계천변 상가 건물이 헐리고 고층 아파트가 들어섰다. 도시 미관을 해친다는 이유로 낡

은 작업장과 좁은 골목이 사라지고 그 자리에 고층 건물과 화려한 외관을 자랑하는 현대식 빌딩이 건설되었다.

그러다 보니 청계천과 을지로 일대의 수많은 공장과 점포가 도시 외곽으로 밀려나고 있다. 정부는 도심 제조업과 전통 상가를 용산전자상가, 송파구 가든파이브 등으로 이주시켰지만 기존 생태계가 무너져 실패한 사례가 많다. 도심 한복판에 화려하고 멋진 건물만 있을 필요는 없다. 도시의 장점은 다양성과 밀집성에 있다. 사람들이 한곳에 모여 시너지 효과를 발휘할 때 도시는 발전하고 성장한다. 그런데 단지 도시 미관에 좋지 않다는 이유로 도심 제조업과 전통 상가를 도시 외곽으로 이전시키거나 틀에 박힌 새로운 건물로 이주시키는 것만이 최선의 해결책인지는 모르겠다.

물론 장기적인 관점에서 보면 더 깨끗한 환경으로 이주하는 것이 발전에 더 효과적일 수도 있다. 한 시대가 저물어 간다. 새로운 시대의 변화를 피해갈 수는 없을 것이다. 다만 오래된 것의 가치를 보존하고 기존의 장점을 훼손시키지 않는 것에 좀 더 유념해 도심 재개발 사업이 이루어졌으면 좋겠다.

경제 성장의 결과 속: 소공동

을지로 3~4가 지역이 현재 변화 중이라면, 을지로 1가와 소공동 일대는 1960~70년대에 큰 변화를 겪은 곳이다. 지금 이곳에는 서울을 대표하는 호텔인 조선호텔, 롯데호텔, 프라자호텔, 프레지던트호텔 등이 있다. 일제강점기에는 경성을 대표하는 호텔인 철도호텔과 반도호텔이 있었다.

서울의 중심부인 이곳에 고급 호텔이 들어선 것은 박정희 정부의 강한 의지 때문이었다. 1966년 10월 31일, 존슨 대통령이 미국 대통령으로서는 처음으로 우리나라를 방문했다. 베트남 전쟁에 한국이 더 많은 군대를 파병해 줄 것을 요청하기 위해서였다. 이때 우리나라는 그를 환영하는 인파만 200만 명에 달할 정도로 최고의 예우를 해 주었다. 당시 존슨 대통령이 머무른 워커힐호텔은 미군 대상 위락 시설로 1963년에 건설되었다. 당시 한국에는 외국의 귀빈이 방문했을 때 머물 고급 호텔이 부족했기 때문이다. 해방 당시 외국인이 머물 수 있는 호텔은 5층 규모의 철도호텔조선호텔과 8층 규모의 반도호텔이 전부였다. 조선호텔은 1958년의 화재로 소실되었고 반도호텔의 시설은 무척 낡은 상태였다. 결국 정부는 1967년에 조선호텔을 허물고 그 자리에 지하 2층, 지상 18층, 504실 규모의 대형호텔인 웨스틴조선호텔을 다

시 짓게 하여 1970년에 재개장했다. 조선호텔 재건축은 1970년 아세안게임 개최 및 관광 산업 선진화를 위한 국가사업이었다. 환구단터에서 웨스틴조선호텔을 바라보면 씁쓸함을 감출 수가 없다. 1967년 당시, 환구단 복원은 왜 논의조차 되지 못했던 것일까?

환구단으로 올라가는 길목에 호텔 담장처럼 지어진 상가 건물이 있다. 지금은 찾는 이들이 거의 없는 이곳은 1965년에 지어진 반도조선아케이드다. 을지로입구에서 소공로까지 이어진 이 상가는 관광 산업 진흥을 목표로 만든 당시 국내 최고의 명품 상가였다. 하지만 1970년 화재로 큰 피해를 입은 후에는 명성을 잃었다. 그때 대한민국은 북한과 체제 경쟁 중이었다. 1972년 7.4남북공동성명 발표를 전후로 남북한 주요 인사들이 서울과 평양을 서로 왕래했다. 정부는 서울 도심의 화려한 모습을 북한에 보여 주기 위해 도시 재개발 사업을 벌였다. 대통령이 직접 관심을 갖고 추진한 서울 도심 현대화 계획의 핵심은 반도호텔을 헐고 최고급 호텔을 건설하는 것이

반도호텔과 아서원터 위에 세워진 롯데호텔

었다.

1973년 박정희 대통령은 재일동포 사업가 신격호 회장을 만나 서울에 롯데호텔 사업을 추진할 것을 약속받았다. 신격호의 재산을 국내로 가져오기 위해 반도호텔 일대를 '반도 특정 가구 정비 지구'로 지정해 반도호텔, 반도조선아카이드, 아서원, 국립도서관, 동국제강, 한일은행, 산업은행, 기타 개인 부지 등 약 1만 1,000평을 신격호가 매입하도록 재산세와 취득세 감면 등 온갖 특혜를 주었다. 그 결과로 1979년에 최고급 호텔인 37층 롯데호텔과 롯데쇼핑센터가 개장했다. 롯데호텔과 롯데쇼핑센터의 등장으로 소공동 일대는 한국에서 가장 번화한 거리로 떠올랐다. 롯데과자로 유명했던 롯데그룹은 단숨에 우리나라 10대 그룹 안에 진입했다.

우리나라 재벌의 성장 과정에서 정부의 비호를 받은 사례는 이루 헤아릴 수 없이 많지만 롯데처럼 정부가 큰 특혜를 베풀어 성장시킨 경우는 드물다. 박정희 정부는 롯데에게 키다리 아저씨였지만, 롯데가 구입한 땅에 살던 사람들에게는 자비를 베풀지 않았다. 이 과정에서 소공동, 북창동 일대에 있던 화교 상인華商들이 큰 피해를 입었다. 정부의 대외 과시용 건축물에 대한 욕망은 소공동뿐만 아니라 광화문 세종문화회관 건설에서도 다시 드러난다.

서울은 대한민국 경제의 중심지이자 대한민국의 얼굴이기도 하다. 해방과 6.25전쟁의 혼란 속에 세계에서 가장 가난했던 나라 대한민국이 오늘날 세계적인 선진국으로 발돋움할 줄은 아무도 예상하지 못했을 것이다. 다만 경제 성장의 혜택이 모두에게 공평하게 돌아가지 못했다는 점이 아쉬울 따름이다.

2

대한민국은 어떤 나라인가?

답사 코스 1

곡장
숙정문
한양도성
북악산 구간 답사 코스
1.21사태
소나무
자하문
(창의문)
최규식
경무관동상
백악정
새로 개방된
청와대 뒤쪽 등산로
삼청공원
와룡공원
청와대

답사 코스 2

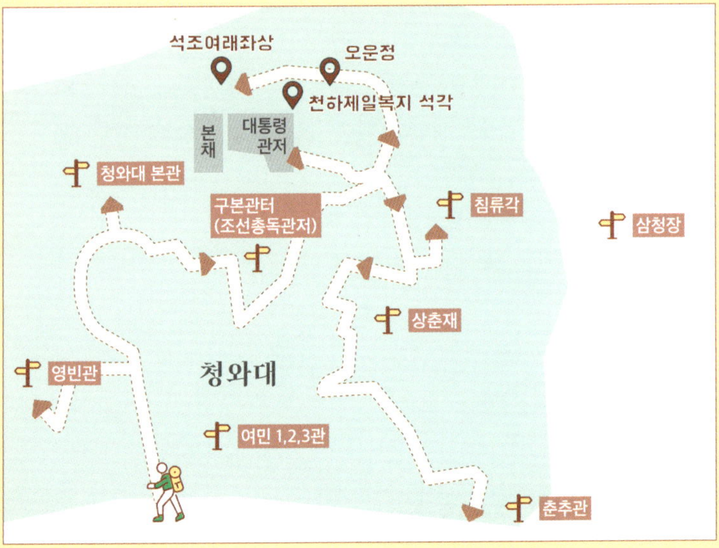
석조여래좌상
오운정
천하제일복지 석각
본채
대통령
관저
청와대 본관
구본관터
(조선총독관저)
침류각
삼청장
상춘재
영빈관
청와대
여민 1,2,3관
춘추관

남북 대립의 극한, 1.21사태: 북악산길

1968년 1월 21일, 북한 124부대 소속 무장 군인 31명이 청와대를 기습하여 박정희 대통령을 암살하려다 미수에 그친 사건이 발생했다. 당시 유일하게 생포되었던 북한군 김신조의 이름을 따서 김신조 사건 또는 1.21사태라고 한다. 1월 17일에 휴전선을 넘은 무장 공비들이 걸어서 임진강을 건넜고 구파발을 지나 1월 21일 밤에는 청와대 인근까지 도착했다. 그날 밤 9시 30분경, 한양도성의 서북쪽 문인 창의문 근처에서 경찰의 불심 검문에 무장 공비가 처음 발각되었다. 그러자 무장 공비들은 수류탄 및 기관 단총을 쏘면서 저항한 후 도주했다. 이때 정부가 군대와 경찰을 출동시켜 소탕 작전을 벌인 끝에 도주한 무장 공비들을 소탕할 수 있었다. 31명 가운데 29명은 사살되었고 1명은 도주했다. 이때 민간인을 포함해 30명이 사망하고 52명이 부상을 입었다.

무장 공비와 싸우다 순직한 최규식 경무관 동상

창의문 앞에는 당시 무장 공비를 발견하고 총격전을

벌이다 사망한 종로경찰서 최규식 경무관의 동상이 있다. 창의문 옆 한양도성 성벽을 따라 북악산길을 걷다 보면 해발 342미터인 북악산 정상 백악마루가 나온다. 백악마루에서 다시 동쪽으로 조금 내려가면 수령 200여 년이 된 나무가 있는데 이 소나무에는 15발의 총탄 자국이 있다. 1.21사태 때 벌어진 총격전의 흔적이다. 이곳에서 청와대가 내려다보인다. 대통령의 목숨을 노린 무장 공비가 이곳까지 침투했다는 사실이 놀랍기만 하다.

소나무에는 1.21사태 당시 총탄의 흔적이 남아 있다.

1.21사태는 남북 관계는 물론 한국인의 삶에도 큰 영향을 끼쳤다. 박정희 정부는 북한의 무력 도발에 대비하기 위해 향토예비군과 방위병을 창설했다. 또 1969년부터 고등학교 필수 과목으로 교련 수업을 편성했다. 이후 대학생 교련 수업은 1988년 말에 폐지되었고 고등학교 교련 수업은 2002년에 필수 과목에서 선택 과목으로 바뀌며 퇴출되었다. 또 주민등록증 발급이 실시되었고 군 복무 기간도 연장되었다. 뿐만 아니라 반공 웅변대회를 개최하는 등 국민들에게 북

한에 대한 적개심을 높이게 했다.

국방을 강화하기 위해 육군 3사관학교와 전투 경찰대를 창설했으며 북한에 보복하기 위해 실미도 684부대 등을 만들었다. 군사 분계선 전역에는 철책을 설치하고 5분 대기조를 신설했다. 또한 김신조 루트로 불리던 경기도 양주시에서 서울 우이동에 이르는 우이령길 6.8킬로미터는 민간인 출입 금지 구역으로 지정되었다가 2010년 2월에야 개방되었다. 아울러 대통령 경호 강화를 위해 인왕산과 북악산, 청와대 근처의 통행을 금지시켰다. 북악산 능선을 따라 자하문에서 정릉 아리랑고개에 이르는 8킬로미터 구간에 왕복 2차로의 북악스카이웨이를 개통했는데, 이 도로는 청와대 경비 강화를 위한 군부대 진출입로를 겸한 군사 목적이 컸다. 1.21사태는 단순한 북한의 도발 사건으로 끝나지 않고 남북 분단을 더욱 고착화시켰다. 뿐만 아니라 국민들의 일상까지 송두리째 바꿔 버렸다. 이후 박정희 정부는 자신의 장기 집권을 위해 단행한 1972년 유신 개헌에서 북한 공산주의의 위협을 주된 이유로 삼으며 철저한 반공 노선을 강조했다.

이 때문에 청와대 뒤쪽 북악산은 서울의 명산임에도 수십 년간 출입을 할 수 없었다. 노무현 정부 시기인 2006년에 한양도성의 북문인 숙정문 일대가 개방된 이후, 2007년에는 한양도성 북악산 구간이 개방되었다. 문재인 정부 시기인 2020년 11월에 북

악산 북쪽이 개방되고, 2022년 대통령실 이전과 함께 4월에 북악산 남쪽이 개방되었으며, 5월 10일에는 청와대마저 전면 개방됨에 따라 북악산 전체가 시민의 품에 돌아왔다.

2006년 숙정문이 개방되었을 때는 주변이 철조망으로 둘러싸여 있었다. 민간인이 함부로 미개방 지역에 출입하지 못하도록 군인들이 통제하기도 했다. 지금은 일부 군부대 시설을 제외한 북악산 전역을 탐방할 수 있다. 도심 한가운데 이렇게 아름다운 산이 있다는 것에 감사하다. 북악산길을 걸으며 평화의 가치, 통일의 가치를 생각해 보았다.

세월호 사건과 대통령: 청와대

청와대 본관은 거대한 왕궁을 떠올리게 한다.

청와대는 대통령이 생활하는 집이자 집무실이 있는 장소다. 1948년 대한민국 1대 이승만 대통령부터 19대 문재인 대통령까지 12명의 대통령이 이곳에서 정치를 했다. 청와대는 대한민국 헌법이 규정한 헌법 기관으로서의 '대통령부'와 이와 관계된 행정 기관을 의미하기도 한다. 청와대는 대한민국 최고 권력 기관으로

수십 년간 군림하며 일반인은 함부로 접근할 수 없는 장소였다.

2016년 7월, 지인들과 함께 경복궁 주차장에서 버스를 타고 청와대를 방문했다. 청와대 춘추관을 통해 들어가 녹지원을 관람하고 청와대 본관 건물이 보이는 대정원 앞에서 사진 한 장을 찍고 영빈관 건물을 지나 칠궁 쪽으로 나왔다. 통제 속에 이루어진 제한적인 청와대 관람이었다.

철저히 감춰졌던 청와대는 2022년 국민에게 전면 개방되었다. 청와대가 개방된 후 많은 사람이 방문을 했다. 개방 후 1년이 지나 사람들의 방문이 조금 줄어든 후에 청와대를 다시 찾았다.

청와대터는 고려 시대 3경의 하나인 남경의 치소가 있던 곳이다. 조선 초기에는 경복궁 북쪽 지역으로 경복궁에 포함되지 않은 곳이었다. 청와대터는 1868년에 경복궁이 중건되면서 비로소 경복궁 후원이 되었다. 이곳에는 오운각, 옥련정 등과 함께 왕이 쉬는 장소인 경농재, 과거 시험 장소로 사용된 융문당과 융무당, 후원을 지키는 병사들이 머무는 수궁 등이 있었다. 하지만 1896년 아관파천으로 고종이 경복궁을 비우면서 경복궁 후원은 조금씩 훼손되기 시작했다.

청와대터가 주목받기 시작한 것은 1939년에 조선총독 관저가 이곳에 지어지면서부터다. 일제가 남산에 있던 조선총독부를 경복궁 광화문 뒤쪽으로 옮기면서 총독관저도 경복궁 뒤쪽으로 옮

긴 것이다. 해방 후에는 미군정청 존 하지 군정장관의 관저로 사용되었다. 1948년 8월 15일 대한민국 정부가 수립된 이후 초대 대통령 이승만은 총독 관저를 경무대라고 부르며 대통령 관저로 사용했다. 이때부터 경무대는 대한민국에서 가장 강한 권력을 가진 곳을 일컫는 말이 되었다.

1960년 4.19혁명으로 이승만 대통령이 하야한 후, 대통령이 된 윤보선은 경무대가 가진 부정부패와 독재 정권 이미지를 바꾸기 위해 청와대로 이름을 고쳤다. 청와대는 1층에 대통령 집무실이 있고, 2층에는 대통령 가족의 생활 공간이 있었다. 1989년, 노태우 대통령은 청와대 집무실이 협소하고 노후화되었으며 일제 잔재를 청산할 필요성이 있다는 이유를 내세워 대통령 관저와 본관, 춘추관을 새로 짓게 했다. 대통령 관저는 1990년 10월에, 대통령 집무실인 본관은 1991년 7월에 완공되었다. 옛 본관 건물은 1993년에 김영삼 대통령에 의해 철거되었다.

청와대를 방문한 사람들은 정문을 통과해 대정원을 지나 본관으로 향하곤 한다. 하지만 효과적인 관람을 원한다면 정문을 통과해 서쪽으로 방향을 틀어 영빈관부터 보는 것이 좋다. 영빈관 터는 왕이 농사를 격려하며 신하들과 만나던 장소인 경농재 건물과 왕이 직접 농사를 짓는 시범을 보였던 논이 있던 곳이다. 조선 8도 모양을 딴 팔도배미 논이 이곳에 있었는데, 이를 반영해 경

농재 자리에 영빈관을 짓고 그 앞에 팔도배미를 형상화한 광장을 만들어 두었다.

영빈관은 1978년 12월에 준공되었는데 청와대 경내 현대식 건물 가운데 가장 오래된 건물이다. 2층으로 지어졌는데, 1층은 국빈 방문 시 공식 행사 또는 회의를 하던 장소이고 2층은 만찬 행사를 위한 장소다. 영빈관 입구 좌우에는 해태가 두 마리 서 있으며 기와지붕을 얹은 모습이 경복궁에 있는 경회루를 닮았다. 하지만 2층에 테라스를 두고 시설 내부를 프랑스 궁전을 모방해 만들어 조화롭지 못하다는 비판도 있다. 영빈관 동쪽의 개방되지 않은 건물은 청와대 경호 시설이다. 영빈관을 나와 대정원을 지

영빈관은 대통령실이 옮겨 간 이후에도 국빈 접대에 이용되고 있어 2층은 미개방 중이다.

나 본관으로 향한다.

청와대 본관은 영빈관과 마찬가지로 외형은 2층 한옥 양식이지만 내부는 서양의 궁궐을 닮았다. 1층에는 규모가 작은 오찬 및 만찬 행사 장소인 인왕실, 영부인의 집무실과 접견실인 무궁화실이 있다. 서쪽 별채는 국무회의 등이 열린 세종실, 동쪽 별채는 중규모의 인원이 오찬 또는 만찬을 할 수 있는 충무실이 있다. 2층에는 대통령 집무실과 접견실, 소회의장인 집현실, 소규모 인원이 식사할 수 있는 백악실 등이 있다. 대통령을 만나는 사람들은 2층으로 올라와 부속실에서 확인을 받고 대기실에서 기다리다가 접견실 또는 백악실로 안내되었다고 한다.

청와대 대통령 집무실

본관을 본 후에는 대통령의 주거 공간인 관저로 향한다. 대통령과 그 가족의 생활 공간인 관저는 청와대 본관이 신축되기 전까지는 대통령 집무실과 구분되지 않고 구 본관 건물 2층에 있었다. 대통령의 사생활과 공적 업무의 구분이 어려웠지만 임무를 수행하는 것에는 편리함도 있었다. 청와대 관저는 1990년 10월에 완공되었다. 생활 공간인 본채와 행사 및 접견 공간인 별채를 배

청와대 관저 별관

치했으며, 앞마당 뜰과 사랑채 그리고 궁궐 안에서나 볼 수 있는 거대한 삼문 형식의 대문을 만들었다. 이곳에 올린 지붕에는 용과 봉황 모양의 막새가 새겨져 있어 왕궁의 전각을 연상시킨다.

대통령 관저 뒤의 산을 오르면 오운정 정자가 보인다. 오운정에서 약간 서쪽에 있는 바위 절벽에 새겨진 '천하제일복지天下第一福地' 각자가 눈에 띈다. 청와대가 명당 터라는 글인데 1860년대에 새겨진 것이다. 이곳에서 서쪽으로 올라가면 경주 남산에 있었던 9세기 신라 시대 불상인 석조여래좌상이 있다. 일제에 의해 이곳으로 옮겨졌는데, 본래 위치를 알 수 없어 경주 남산으로 돌아가지 못하고 있다.

산길을 내려오면 침류각이라는 건물이 있다. 고종이 경복궁 후원에 건설한 건물 가운데 유일하게 남아 있는 것이다. 침류각 남쪽에 있는 상춘재는 청와대를 방문한 외국인에게 한국 전통 가옥을 소개할 때나 의전 행사 시에 사용되는 한옥 건물이다. 상춘재 남쪽에는 녹지원이 있다. 녹지원 중앙에는 높이 17미터가 넘는 수령 약 170년인 반송盤松이 있어 시선을 사로잡는다. 녹지원 남

녹지원은 청와대 경내에서 가장 아름다운 곳이다.

쪽에는 대통령 비서실로 사용되던 여민 1, 2, 3관과 경호실 등이 있다. 여민 1관 1층은 현재 개방되어 관람객 휴식 시설로 이용되고 있다. 여민관 동쪽에는 온실과 춘추관이 있다. 춘추관은 청와대 기자 회견장과 출입 기자실로 사용하는 건물이다. 춘추관까지 보았다면 청와대 관람을 마친 셈이다.

청와대를 방문했을 때 누군가 "나라님이 살던 곳이네"라는 말을 했다. 그분의 말 때문인지, 마치 현대의 왕궁을 관람하고 있다는 생각이 들 정도로 청와대에는 권위주의가 물씬 풍기는 건물들이 많았다. 실제로 과거 여러 대통령들이 왕처럼 청와대에 군림하며 살았기에 국민과의 소통에 많은 문제가 있었다. 특히 2014년 세월호 침몰 사건이 발생했을 때 드러난 대통령과 참모 및 비서들과의 불통 문제는 청와대가 가진 공간의 문제점을 분명하게 보여 주었다. 대통령 관저에서 청와대 본관까지는 직선거리로 약 200미터, 걸어서 5분이 걸린다. 대통령 집무실이 있는 본관에서 비서실이 있는 여민

청와대 여민관은 본관과 멀리 떨어져 있다.

1, 2, 3관까지 가려면 직선거리로 500미터가 넘어 걸어서 이동하려면 많은 시간이 걸린다. 국가 비상시 대통령과 참모들 사이에 소통 문제가 있을 수밖에 없는 구조다. 2017년 취임한 문재인 대통령은 여민 1관 3층에 대통령 집무실을 두기도 했지만 근본적인 청와대 공간 문제가 해결된 것은 아니었다. 이는 1990년 당시 청와대 본관을 거대하게 지었을 때부터 생긴 문제였다. 2022년에 취임한 윤석열 대통령은 청와대가 국민과 소통에 문제가 있는 구중궁궐이라는 이유를 들며 대통령 집무실을 용산으로 이전했다. 하지만 윤석열 대통령도 국민과의 소통에 큰 문제가 있었다. 국민의 소리를 듣기보다는 자기만의 생각으로 2024년 12월 3일, 비상계엄을 발령했으나 불과 155분 만에 국민들의 분노로 계엄령이 해제되었다.

대통령은 국정을 운영하는 사람이기에 앞서, 국민의 첫 번째 공복公僕, 즉 심부름꾼이라는 마음으로 국민의 소리를 듣고 국민이 원하는, 국민을 위한 정치를 해야 한다. 청와대를 방문하면서 우리나라 정치의 비극이 소통의 부재와 지나친 권위주의에서 비롯되었다는 것을 확인할 수 있었다. 지금 대한민국은 왕정 국가가 아닌 민주 공화국이다. 청와대에서 민주 공화국에 맞는 대통령은 어떤 사람이어야 하는가를 생각해 보았다.

대한민국의 주인은 누구인가: 세종대로

광화문 앞에서 세종대로 사거리에 이르는 길은 조선 시대에는 육조거리로 불렸다. 당시에도 도로 폭이 58미터에 달하는 넓은 길이었지만 해방 후에는 왕복 20차로車路로 더욱 넓어졌다. 세종문화회관에서 맞은편 KT광화문지사 건물까지의 거리는 100미터가 넘는다. 세종대로는 사실상 길이 아닌 광장에 가깝다. 현재는 세종문화회관 앞쪽으로 광화문광장을 만들면서 세종대로는 왕복 8차선 도로로 축소되었다.

지하철 5호선 광화문역 9번 출구로 나오면 광화문광장에 도착한다. 세종대왕상이 앞에 보이고 광화문과 북악산이 차례로 펼쳐진다. 이렇게 넓은 공간이 한눈에 들어오는 곳은 시내에서 이곳이 유일하다. 지금 세종대로는 광화문 앞에서부터 남대문에 이르는 길을 의미하지만, 좁은 의미의 세종대로는 광화문 앞에서부터 세종대로 사거리까지다. 세종대로는 우리나라 길 가운데 외형이 가장 많이 바뀐 길이다.

2009년, 정부는 세종대로의 차로를 줄여 광화문광장을 만들었다. 그런데 광장은 세종대로 중앙에 위치했다. 광화문광장이 아니라 세계 최대의 가로 분리대라는 비아냥을 들을 정도로 기묘한 위치였다. 토론이나 대화를 나누는 자리를 뜻하는 Forum

은 고대 로마 시내 중심에 있던 집회용 광장을 의미하는 말이기도 하다. 광장은 사람들이 소통하는 장소다. 때문에 광장은 접근성이 중요하다. 그래야 국민들이 광장에서 편하게 사람들을 만나고 문화를 만들 수 있다. 그런데 우리나라 광장은 그렇지 못했다. 경복궁은 한국을 찾는 외국인이 가장 많이 방문하는 곳이지만 이곳을 찾은 외국인들은 국가 상징 거리라는 세종대로를 외면하고 다른 곳으로 가 버린다. 길 자체에 매력이 부족하기 때문이다.

세종대로 한복판에 위치한 세종대왕 동상

2022년, 정부는 광화문광장을 세종대로 서편으로 붙여서 세종문화회관 및 정부 청사와 연결시켰다. 광장의 접근성을 높이기 위한 시도였는데, 2009년에 광장을 만들 때부터 이렇게 만들었어야 했다. 이어서 정부는 광화문 앞에 월대를 만들었다. 월대는 궁궐에서 가장 격이 높은 침전, 정전, 편전, 정문 앞에 설치하는 넓은 장방형의 기단이다. 대원군이 경복궁을 다시 지을 때 왕실과 궁궐의 권위를 높이기 위해 광화문 앞에 월대를 만들었다. 조

선 초 세종 때에는 월대가 없었다. 그런데 문화재청에서는 월대를 백성과 소통하는 공간이라고 홍보했다. 월대가 소통하는 공간이라니 이해하기 어렵다. 오히려 권위를 상징하며 각종 궁중 행사가 열린 공간으로, 차라리 없는 편이 광화문을 출입하는 데 더 편리하다.

광화문 앞으로 넓게 펼쳐진 월대. 흥선대원군 집권 당시 만들어진 월대는 전체 너비 29.7미터, 길이 48.7미터에 달하는 긴 무대 형태로 육조거리까지 이어졌다고 한다(출처: 위키피디아).

정부는 광화문 앞에 충무공 동상 외에 세종대왕 동상과 월대 등을 더 추가해서 세종대로를 전통을 상징하는 기념물로 채워 놓았다. 2024년 6월, 서울시가 높이 100미터에 달하는 초대형 태극기 게양대를 세우겠다고 발표하자 반대 여론이 들끓었다. 그럼에도 서울시는 광화문 광장에 국가 상징 공간을 조성하는 사업을 계속 추진하겠다는 입장이다.

세종대로는 오랜 세월 일반인의 공간이 아닌 권력자의 공간이었다. 조선 시대에는 육조거리로 불리며 길 좌우에 의정부, 삼군부, 이조, 호조, 병조, 예조, 형조, 공조 등 6조 관청과 사헌부, 한

성부 등 권위를 가진 건물들이 들어서 있었다. 육조거리에서 격구, 산대 등의 놀이가 벌어지기도 했지만, 정부가 백성들에게 베푸는 시혜적 성격의 유희였다. 일제강점기에는 광화문통이라 불린 이 거리 좌우에 식민 통치를 위한 군사, 통신, 행정 기관들이 들어섰다. 일제 헌병대가 행진하는가 하면, 육중한 조선총독부 건물이 보는 이들을 억눌렀다.

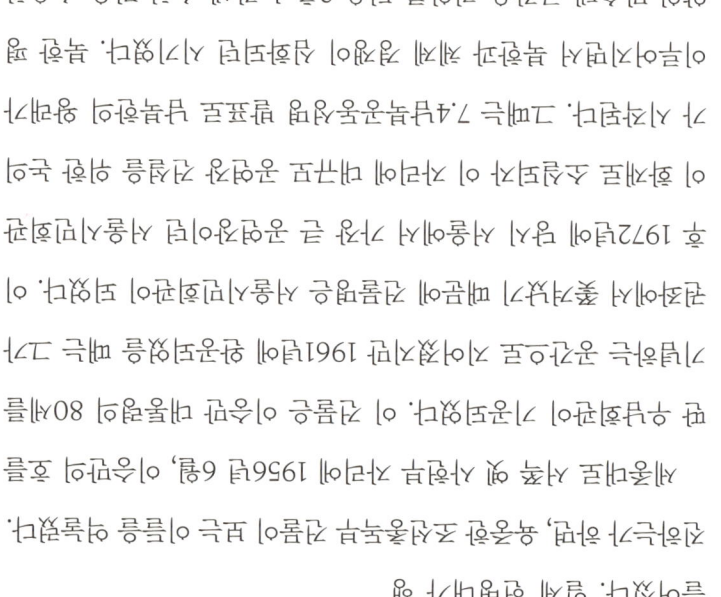

1948년 대한민국 정부 수립 기념식 당시 미 육군 통신대가 촬영한 세종대로 부근의 모습. 저 멀리 조선총독부 건물이 보인다 (출처: 위키피디아).

세종대로 서쪽 옛 사헌부 자리에 1956년 6월, 이승만의 호를 딴 우남회관이 기공되었다. 이 건물은 이승만 대통령의 80세를 기념하는 공간으로 지어졌지만 1961년에 완공되었을 때는 그가 권좌에서 쫓겨났기 때문에 건물명은 서울시민회관이 되었다. 이후 1972년에 당시 서울에서 가장 큰 공연장이던 서울시민회관이 화재로 소실되자 이 자리에 대규모 공연장 건설을 위한 논의가 시작된다. 그때는 7.4남북공동성명 발표로 남북한의 왕래가 이루어지면서 북한과 체제 경쟁이 심화되던 시기였다. 북한 평양의 만수대 극장은 기와를 덮은 2층 누각에 수천 명을 수용할

수 있었는데, 이를 의식한 박정희 정부는 만수대 극장보다 더 큰 5,000명이 들어갈 대규모 공연장을 만들었다. 이것이 세종문화회관이다. 1978년 개관 때 세종문화회관에 설치된 파이프 오르간이 동양 최대 규모라고 자랑했을 만큼, 이곳은 국력을 과시하기 위한 건물이었다.

1968년에는 세종대로 사거리에 철골 아치가 설치되고 국빈 환영, 정부 선전, 국민 계도형 문구 등이 내걸렸다. 국민들을 가르쳐야 한다는 권위주의 정부다운 발상이었다. 철골 아치는 1982년에 올림픽 개최를 앞두고 외국인들이 보기에 흉물스럽다는 이유로 철거되었다. 이렇듯 국가 상징 거리인 세종대로는 오랫동안 권력자들이 주인 노릇을 했던 곳이었다. 권력자의 입맛에 맞춰 건물들이 세워지고 상징물이 채워졌다. 그리고 국민들은 그저 권력자가 준비한 행사에 들러리로 구경만 할 수 있었다.

2016년 11월, 나는 가족들과 함께 광화문광장에서 촛불을 들고 있었다. 광화문광장에서 벌어진 촛불 집회는 대한민국의 역사를 바꾼 대사건이었다. 촛불 집회의 염원을 이루어 주듯, 2017년 3월에 헌법재판소 판결로 대통령의 탄핵이 확정되었다. 미국 <워싱턴포스트>는 "대한민국은 전 세계에 민주주의가 무엇인지 보여 주었다"고 보도했다. 권력자의 놀이터였던 광화문광장을 포함한 세종대로가 촛불 혁명을 통해 민중들의 의견 표출의 장이자

국민들의 힘으로 최고 권력자를 하야시킨 촛불 집회(2016)

민주주의의 터전으로 전환되는 순간을 맞이했다.

1925년, 대한민국 임시정부는 대통령 이승만을 탄핵해 그의 직위를 박탈했다. 1960년에는 4.19혁명으로 이승만을 또 다시 대통령 직위에서 끌어내렸다. 그리고 세 번째로 박근혜 대통령을 탄핵해 권좌에서 몰아냈다. 국민들이 최고 권력자를 권좌에서 끌어내린 이와 같은 사건들은 대한민국 국민들의 위대한 승리로 기록되고 있다. 같은 아시아 국가지만 계급 질서가 여전히 남아 있는 일본이나 태국 등에서는 상상할 수 없는 일이 대한민국에서 일어났다. 임시정부에서 대통령을 탄핵한 것은 제외하더라도 프랑스대혁명에 비교할 만한 민주주의 혁명이 대한민국에서 두 번이나 일어났다는 사실은 참으로 자랑할 만한 일이다. 그리

고 2024년 12월 3일에는 대통령의 비상계엄 선포를 국민들의 저항으로 155분 만에 해제시켰다. 정치가 국민의 뜻을 거역해서는 안 된다는 것을 분명하게 보여 준 세계 민주주의 역사에 남을 사건이었다.

2016~17년 촛불 혁명 이후 우리나라의 민주주의는 발전했다고 할 수 있을까? 법 앞에 만인이 평등하고 독재자와 간신배가 사라지는, 국민을 위한 민주 정부는 아직도 요원하다. 여전히 역사의 물줄기는 어디로 흐를지 알 수 없다. 광화문에서 우리 역사의 과거를 생각하고 우리 역사의 미래를 묻는다.

나오는 말

역사책을 읽다 보면 내가 그때 그 현장에 있었다면 어떠했을까를 생각하게 된다. 정족산성에서 프랑스군이 돌격해 오는 소리를 들었다면 나는 어떤 마음으로 그들과 마주할 수 있었을까? 책으로 읽으면서 상상했던 것을 역사 현장에 가서 눈으로 확인해 보면 마치 지금의 일처럼 느껴지곤 한다. 북촌에서 역사적 사건이 많았던 이유가 궁금하여 북촌에 살았던 사람들의 집터를 찾아다니다 보니 그 의문이 해소되었다. 나석주 의사가 왜 동양척식주식회사와 식산은행에 폭탄을 던졌는지, 김익상 의사는 어떻게 조선총독부 건물로 들어가 폭탄을 투척하고도 그렇게 태연하게 나올 수 있었는지 등 현장에서 역사의 장면을 상상해 보는 것은 책으로 읽고 떠올려 보는 것과는 너무 다르다는 것을 느낄 수 있었다.

명동에서 친구들과 수다를 떨며 이야기할 때는 몰랐던 건물이 과거에 이런저런 사연이 있었다는 것을 알게 된 후에는 새삼 다시 보인다. 창신동에서 동대문을 거쳐 세운상가까지 걸으면서 해방 직후 혼란한 정치적 상황에서 하루하루 생계를 위해 힘든 노동을 참고 견딘 사람들의 모습을 떠올려 보았다. 전태일의 이야기를 되짚으며 걷는 답사길에는 쇼핑하러 동대문시장을 찾을 때와는 다른 풍경들이 내 눈앞에 펼쳐졌다.

한국 근현대사의 역사 현장을 돌아보는 것은 오늘의 대한민국이 어떻게 만들어졌는지, 우리가 어떤 과정을 겪으면서 오늘에 이르렀는지를 알아보는 여정이다. 근대사의 큰 흐름을 보면서 위정자들의 무능과 독선, 아집으로 인해 민중들이 고통을 받게 되는 과정을 살펴보는 것은 즐겁지 않은 일이었다. 그럼에도 그 시대를 알아야 오늘의 우리를 알 수 있고 많은 교훈을 얻을 수 있다. 일제강점기에 힘겹게 살았던 우리들의 할아버지와 할머니의 삶이 있었기에 오늘 우리가 있다. 과거와 현재는 이어져 있다.

사람보다 소중한 것은 없다. 청와대를 걸으며 권력이라는 마약에서 빠져나오지 못한 사람들의 어리석은 삶이 세상 사람들에게 반면교사가 되었으면 하는 바람을 가졌다. 광화문광장에 서서 거대한 역사의 흐름을 느껴 보았다.

1506년, 연산군은 이렇게 말했다.

"임금이 두려워하는 것은 역사뿐이다人君所畏者, 史而已."

역사를 두려워하지 않는 자들만큼 못된 사람들도 없다. 부끄러움을 모르니 큰 범죄를 저지르고도 자신의 잘못을 인정할 줄 모른다. 오늘 우리의 행적이 훗날 어떻게 기록될지, 스스로에게 부끄럽지 않게 살기 위해서라도 과거의 역사를 돌아보는 답사는 우리 삶에 있어 꼭 필요한 시간이다. 오늘도 나는 지도를 들고 길을 나선다.

참고 문헌

강만길, 《한국근대사》, 창작과비평사, 1984.

강만길, 《한국현대사》, 창작과비평사, 1984.

국사편찬위원회, 《한국사 37: 서세동점과 문호개방》, 국사편찬위원회, 2013.

국사편찬위원회, 《한국사 38: 개화와 수구의 갈등》, 국사편찬위원회, 2013.

국사편찬위원회, 《한국사 39: 제국주의의 침투와 동학농민전쟁》, 국사편찬위원회, 2013.

국사편찬위원회, 《한국사 40: 청일전쟁과 갑오개혁》, 국사편찬위원회, 2013.

국사편찬위원회, 《한국사 41: 열강의 이권 침탈과 독립협회》, 국사편찬위원회, 2013.

국사편찬위원회, 《한국사 42: 대한제국》, 국사편찬위원회, 2013.

국사편찬위원회, 《한국사 43: 국권회복운동》, 국사편찬위원회, 2013.

국사편찬위원회, 《한국사 47: 일제의 무단통치와 3.1운동》, 국사편찬위원회, 2013.

국사편찬위원회, 《한국사 48: 임시정부의 수립과 독립전쟁》, 국사편찬위원회, 2013.

국사편찬위원회, 《한국사 49: 민족운동의 분화와 대중운동》, 국사편찬위원회, 2013.

국사편찬위원회, 《한국사 50: 전시체제와 민족운동》, 국사편찬위원회, 2013.

국사편찬위원회, 《한국사 52: 대한민국의 성립》, 국사편찬위원회, 2013.

김구, 《정본 백범일지》, 돌베개, 2016.

김용만, 《조선이 가지 않은 길》, 창해, 2017.

김정인, 《독립을 꿈꾸는 민주주의》, 책과함께, 2017.

대통령경호실, 〈청와대와 주변 역사 • 문화유산〉, 대통령경호실, 2007.

독립기념관 한국독립운동사연구소, 《독립운동 현장읽기 ; 일제 식민기관과 의열투쟁편, 구국계몽운동편》, 독립기념관 한국독립운동사연구소, 2016.

문재옥, 《서대문형무소 도슨트》, 다른, 2023.

박우현, 《식민통치의 혈관을 놓다: 교통으로 본 일제시대》, 동북아역사재단, 2021년

박종인, 《대한민국 징비록》, 와이즈맵, 2019.

서울역사박물관 조사연구과, 〈남대문시장: 모든 물건이 모이고 흩어지는 시장백화점〉, 서울역사박물관조사연구과, 2013.

서울역사박물관, 〈동대문시장: 불이 꺼지지 않는 패션 아이콘〉, 서울역사박물관, 2011.

서울역사박물관 〈명동: 공간의 형성과 변화〉, 서울역사박물관, 2011.

서울역사박물관, 〈서울과 평양의 3.1운동〉, 서울역사박물관, 2019.

서울역사박물관, 〈창신동: 공간과 일상〉, 서울역사박물관, 2011.
서울역사편찬원, 《쉽게 읽는 서울사: 개항기편》, 서울책방, 2020.
서울역사편찬원, 《쉽게 읽는 서울사: 일제강점기편》, 서울책방, 2020.
서울중구문화원, 〈남산의 역사와 문화〉, 서울특별시 중구문화원, 1998.
서울중구문화원, 〈서울 중구 퇴계로를 걷다〉, 서울특별시 중구문화원, 2020.
서울중구문화원, 〈서울 중구, 동네방네 이야기〉, 서울특별시 중구문화원, 2018.
서울중구문화원, 〈서울 번영의 상징, 을지로〉, 서울특별시 중구문화원, 2017.
서울중구문화원, 〈정동, 역사의 뒤안길〉, 서울특별시 중구문화원, 2008.
서중석, 《이승만과 제1공화국》, 역사비평사, 2007.
서중석·김덕련, 《서중석의 현대사 이야기 1》, 오월의봄, 2015.
서중석·김덕련, 《서중석의 현대사 이야기 3》, 오월의봄, 2016.
서중석·김덕련, 《서중석의 현대사 이야기 8》, 오월의봄, 2017.
염복규, 《서울의 기원 경성의 탄생》, 이데아, 2016.
유동현, 《시대의 길목 개항장: 제물포를 드나든 에피소드》, 글누림, 2016.
이경수, 《강화도史》, 역사공간, 2016.
이순우, 《용산, 빼앗긴 이방인들의 땅 1: 일본군 병영지와 용산역》, 민족문제연구소, 2022.
이순우, 《용산, 빼앗긴 이방인들의 땅 2: 효창원과 만초천 주변》, 민족문제연구소, 2022.
이영호, 《개항도시 제물포》, 민속원, 2017.
이정희, 《한반도 화교사》, 동아시아, 2018.
이정희, 《화교가 없는 나라》, 동아시아, 2019.
인천문화재단, 〈개항장 도보여행〉, 2009.
전봉관, 《럭키경성》, 살림, 2007.
전봉관, 《황금광시대》, 살림, 2005.
조경달 저, 최덕수 옮김, 《근대 조선과 일본》, 열린책들, 2015.
종로문화원, 〈종로의 역사 • 문화유산: 87개 법정동 이야기〉, 종로문화원, 2016.
청계천박물관, 〈청계천 기계공구상가〉, 청계천박물관, 2021.
한국역사연구회, 《시민의 한국사 2》, 돌베개, 2022.
한국역사연구회, 《우리는 지난 100년 동안 어떻게 살았을까 1: 존재와 사람》, 현북스, 2023.
한국역사연구회, 《우리는 지난 100년 동안 어떻게 살았을까 2: 근대와 공간》, 현북스, 2023.
홍순민 외, 〈광화문광장 다시보기 다시만들기〉, 서울특별시 광화문광장추진단, 2020.